本书由海南省"双一流"学科——海南师范大学马克思主义理论学科资助出版

马克思恩格斯两性关系思想及其当代价值研究

李玲 著

MAKESI ENGESI LIANGXING
GUANXI SIXIANG
JIQI DANGDAI JIAZHI YANJIU

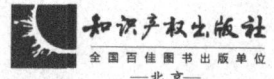

知识产权出版社
全国百佳图书出版单位
—北京—

图书在版编目（CIP）数据

马克思恩格斯两性关系思想及其当代价值研究/李玲著.—北京：知识产权出版社，2021.11
ISBN 978-7-5130-7859-7

Ⅰ.①马… Ⅱ.①李… Ⅲ.①马克思主义—性社会学—研究 Ⅳ.①A811.64

中国版本图书馆CIP数据核字（2021）第243303号

责任编辑：兰 涛　　　　　　　　责任校对：谷 洋
封面设计：春天书装·郑重　　　　责任印制：孙婷婷

马克思恩格斯两性关系思想及其当代价值研究
李 玲 著

出版发行：知识产权出版社有限责任公司	网　址：http://www.ipph.cn
社　址：北京市海淀区气象路50号院	邮　编：100081
责编电话：010-82000860 转 8325	责编邮箱：lantao@cnipr.com
发行电话：010-82000860 转 8101/8102	发行传真：010-82000893/82005070/82000270
印　刷：北京建宏印刷有限公司	经　销：新华书店、各大网上书店及相关专业书店
开　本：787mm×1092mm　1/16	印　张：14
版　次：2021年11月第1版	印　次：2021年11月第1次印刷
字　数：174千字	定　价：78.00元
ISBN 978-7-5130-7859-7	

出版权专有　侵权必究
如有印装质量问题，本社负责调换。

自 序

自从人类诞生以来，人就分男人和女人，他们共同繁衍人类，创造了人类社会。男人和女人之间的关系就是两性关系，两性关系是人与人之间最基本的关系。两性关系问题贯穿整个人类发展的历史，是人类文化的永恒主题。两性关系既体现了人的自然属性又体现了人的社会属性，两性关系的形态是衡量人的教养程度和人类文明进步的重要尺度。

1869年，英国著名的哲学家、历史学家约翰·斯图尔特·穆勒出版了《妇女的屈从地位》，他在书的第一章中写道："我确认，规范两性之间的社会关系的原则——一个性别法定地从属于另一性别——其本身是错误的，而且现在成了人类进步的主要障碍之一。"尽管穆勒在此处批判的是男女不平等问题，但是从这段论述中还可以得出一个重要的观点：规范两性之间的社会关系的原则是关系到人类进步的重大问题，人类应当纠正错误的原则并建立正确的原则。那到底什么样的原则才是正确的原则呢？

马克思恩格斯也一直在艰苦地探索、规范两性之间的社会关系的正确原则，他们的表述和穆勒的表述有些差异，但表述的问题的实质是相通的。马克思曾在《资本论》中指出:"由于大工业使妇女、男女少年和儿童在家庭范围以外,在社会地组织起来的生产过程中起着决定性的作用,它也就为家庭和两性关系的更高级的形式创造了新的经济基础。"家庭和两性关系的更高级形式是什么样的呢?在《摩尔根〈古代社会〉一书摘要》中,马克思认为家庭会继续发展:"关于现代的一夫一妻制家庭……它还能更加改善,直到达到两性间的平等为止。"在马克思看来,家庭和两性关系的更高级的形式首要的肯定是平等的形式。恩格斯在《家庭、私有制和国家的起源》中指出:"我们现在关于资本主义生产行将消灭以后的两性关系的秩序所能推想的,主要是否定性质的,大都限于将要消失的东西。""资本主义生产行将消灭以后的两性关系的秩序"到底是什么样的秩序呢?恩格斯也曾指出,"只要妇女仍然被排除于社会的生产劳动之外,而只限于从事家庭的私人劳动,那么妇女的解放,妇女同男子的平等,现在和将来都是不可能的。"在恩格斯看来,未来的社会将否定资本主义的不合理的两性关系,构建新型的平等合理的两性关系的秩序。

根据上面的论述,马克思恩格斯明确提出的两性关系的基本原则是男女平等。西方各个女性主义流派的共同主张也是男女平等。可以说,近代以来的妇女解放运动,无论是资产阶级妇女解放运动还是无产阶级妇女解放运动,其直接目标都是实现男女平等。几千年来的性别压迫被普遍视为人类进步必须掀开的绊脚石。尽管目前世界上还没有任何一个国家能够真正实现男女平等的崇高目标,但男女平等带来的人类文明进步是有目共睹的,而且男女平等已经成为浩浩荡荡的世界潮流、历史潮流,席卷了世界各国。法国空想社会主义者傅立叶提出的"妇女解放的程度是衡量普遍解放的天然尺度",在实践中得到了检验并充分彰显了其真理性。那些在男女平等事业上进展缓慢的国家通常都是比较野蛮、落后的国家,如果它们想要前进,就必须着力推进男女平等的进程。根据世界经济论坛发布的《2020年全球性别差距报告》预测,人类彻底消除性别差距尚需一百年。

男女平等显然是已经被人类文明普遍认同的规范两性之间的社会关系的正确原则,但男女平等是不是就能够完全解决两性关系之间的对立冲突呢?妇女解放运动的实践对此的回答是否定的。从性别压迫中解放出来的妇女,在面对两性关系时的情况仍然是很复杂的,她们在爱情、婚姻、家庭、生育等两性关系的重要方面都发生了观念上的巨变。经济独立的妇女变得越来越不需要男性了,两性之间的情感联系越来越难以建立,性别歧视具有双重含义,即男性对女性的歧视和女性对男性的歧视,离婚率呈现不断上升的趋势,家庭暴力频繁出现,虐待甚至摧残妇女的事情仍时有发生。可见,男女平等解决的是男女之间权利不平等的问题,使矛盾的双方具有平等的权利、地位、机会以及获得全面自由发展的可能性。男女平等从根本上讲,是解决矛盾双方的对立性问题,是消除一个性别对另一个性别的无情压迫。男女平等很难解决两性之间的同一性构建的问题,即两性之间合作共赢、情感共生的问题。如何才能解决两性之间的同一性构建的问题呢?如何才能在男女平等的基础上更合理地规范两性之间的社会关系呢?

马克思恩格斯对于两性关系问题进行了探索,不仅提出了男女平等的主张,还主张两性和谐共生,后来的研究者在理论和实践两个层面都忽略了马克思恩格斯的两性和谐共生思想。两性和谐共生符合马克思主义的思想要义。马克思恩格斯论述妇女解放问题主要是从两个密切相关的层面展开的：其一，是妇女自身的解放；其二，是探索两性关系的、更高级的形式或秩序。在马克思恩格斯看来，妇女自身解放的最终目标是妇女作为人实现全面、自由的发展，两性关系的更高级形式是以男女平等为基础的两性和谐共生。男女两性不仅要实现平等尊重的公平生活样态，还要实现和谐共生的幸福生活样态。

或许有人会提出这样的疑惑，妇女自身解放和男女平等尚且未能完全实现，怎么就提出两性和谐共生？这就涉及三者之间的内在联系。要实现妇女解放和妇女全面、自由的发展，离不开男女平等和两性和谐共生。男女平等既是妇女实现自身解放的重要条件，也是标志妇女解放程度的重要标识，还是两性和谐共生的必要前提。两性和谐共生的核心是两性之间合作共赢、情感和谐、共同发展，这不仅有助于妇女自身解放和男女平等，而且是社会文明和谐发展的必然要求。如果想要获得解放和平等自由权利的妇女，普遍站在男性的对立面，歧视男性，两性之间的情感就会疏离隔阂，利益上就会对立冲突，结局即便不是两败俱伤，也难以实现两性的自由和谐发展。实践表明，男女平等和两性和谐共生是辩证统一的，它们是共同构成规范两性之间的社会关系的正确原则。妇女解放的美好前景应当是妇女全面自由的发展，男女平等和两性和谐共生。

总之，人们历来重视研究马克思恩格斯的妇女解放理论，认为妇女解放与男女平等就可以解决两性关系问题。然而，看似简单的两性关系问题，实际上却非常复杂。"马克思的幽灵始终保持着通向几乎所有重大问题域的出场路径。"要更好地解决两性关系问题，还要回到马克思恩格斯两性关系思想中去寻找智慧和启迪。马克思恩格斯的两性关系思想的内涵极其丰富，是一个由两性关系思想的逻辑起点与认识前提、两性关系的辩证统一性、两性关系的对立冲突以及和解路径等内容构成的有机整体。从逻辑上看，马克思恩格斯的两性关系的思想实质涵盖了马克思恩格斯妇女解放理论、马克思恩格斯爱情观、马克思恩格斯婚姻家庭观等内容。全面深入地认识和掌握马克思恩格斯两性关系思想及其当代价值，对促进妇女全面自由发展、解决两性关系的对立冲突、构建男女平等基础上和谐共生的两性关系，具有重要而深远的意义。

本书以辩证唯物主义和历史唯物主义以及社会学的有关理论为指导，采用文献研究法、理论与实践相结合的方法、案例分析法等方法，对马克思恩格斯两性关系思想的形成基础、主要内容、当代价值、实践路径等重要问题进行了系统研究和阐述。当然，由于各种认识的局限，本书仅对马克思恩格斯两性关系思想的研究起抛砖引玉的作用。

李玲　于海口

2021 年 10 月 28 日

目 录

第一章 马克思恩格斯两性关系思想产生的条件 …………… 1
 一、马克思恩格斯两性关系思想产生的时代背景 ………… 1
 二、马克思恩格斯两性关系思想产生的思想渊源 ………… 6
 三、马克思恩格斯两性关系思想产生的理论基础 ……… 12

第二章 两性的辩证统一性 …………………………………… 16
 一、"人对人的直接的、自然的、必然的关系是
  男人对妇女的关系" …………………………………… 16
 二、两性在两种生产过程中的合作关系 ………………… 20
 三、两性在爱情、婚姻、家庭中的感情关系 …………… 30
 四、两性在人类解放的历史进程中携手共进 …………… 42

第三章 两性的对立冲突及其社会历史根源 ………………… 48
 一、两性的对立冲突 ……………………………………… 48
 二、两性对立冲突的历史演变 …………………………… 50
 三、两性对立冲突的社会历史根源 ……………………… 62

第四章 两性和解的基本原则和根本途径 …………………… 75
一、妇女解放是两性和解的第一步 …………………………… 75
二、男女平等是两性和解的基本要求 ………………………… 80
三、两性和谐共生是两性和解的更高要求 …………………… 86
四、两性彻底和解的根本途径是实现共产主义 ……………… 91

第五章 马克思恩格斯两性关系思想的当代价值 …………… 96
一、当代社会两性关系的主要矛盾及其影响 ………………… 97
二、马克思恩格斯两性关系思想的理论价值 ………………… 106
三、马克思恩格斯两性关系思想的现实意义 ………………… 117
四、马克思恩格斯两性关系思想中国化 ……………………… 124

第六章 新时代马克思恩格斯两性关系思想的实践探索 …… 131
一、着力推进妇女解放发展，同时重视男性解放发展 ……… 131
二、实现真正的男女平等和两性合作共赢 …………………… 155
三、健全男女平等和两性和谐共生的社会主义性别制度 …… 170
四、构建男女平等和两性和谐共生的社会主义性别文化 …… 175
五、建设社会主义以爱情为基础的和谐婚姻家庭 …………… 182

结　语 ……………………………………………………………… 199

参考文献 ………………………………………………………… 202

第一章 马克思恩格斯
两性关系思想产生的条件

从人类社会诞生之时起，两性关系问题就已存在并贯穿人类发展的整个历史。在阶级社会中，妇女遭受奴役、压迫、侮辱和歧视是两性关系的主要矛盾和问题。至今，人类社会两性之间的社会关系仍然存在许多矛盾和冲突。两性关系问题折射人类文明进步的程度，影响人类解放发展的进程，是一个关系人类生存繁衍、文明发展的重大问题。马克思恩格斯不仅关注妇女解放问题，而且关注两性关系的调节和规范问题。马克思恩格斯积极吸收、借鉴前人思想中的合理成分，在辩证唯物主义和历史唯物主义的基础上研究两性关系问题，形成逻辑严密、科学完整的两性关系思想。从逻辑上讲，马克思恩格斯妇女解放理论也是调节和优化两性关系，因此，应当纳入马克思恩格斯两性关系思想的逻辑框架之中。

一、马克思恩格斯两性关系思想产生的时代背景

时代是思想之母，实践是理论之源。和任何科学的思想体系一

样，马克思恩格斯两性关系思想也是对特定历史条件下的社会存在的主观反映。资本主义生产方式以及相应的政治上层建筑和思想上层建筑为两性关系的调整和变革创造了前所未有的历史条件，也为马克思恩格斯两性关系思想的产生提供了必要的历史条件和实践基础。

（一）资本主义生产方式中两性关系开始发生显著变化

自从阶级社会代替了原始社会，人类社会普遍建立起了一种以男性霸权为特点的不平等的两性关系。男性凭借经济权力、政治权力和话语权力，将女性禁锢在家庭从事人口生产以及与之相关的家务劳动，使女性在经济上丧失独立性，完全处于一种依附地位。男性从事的社会生产属于公共领域，被赋予很高的价值和权力，而女性从事的人口生产和家务劳动则被认为是家庭的私人劳动，与社会无关，因此无足轻重、不值一提。几千年来，女性就是作为男性的附庸和"第二性"存在的。整个世界是男人的世界，权力是男人的权力，意识形态是男人的意识形态，"人"实质也是指男人，女性并非完全意义上的人。

社会意识是对社会存在的反映。自古以来，基于现实生活中女性的依附、从属地位，人们认为两性关系本来就是男尊女卑的。《圣经》上说，夏娃是亚当身上的一根肋骨捏成的，是亚当的骨中之骨、肉中之肉。由于夏娃不守本分、偷吃禁果，上帝便要多多增加她怀胎的苦楚，还规定："你必恋慕你丈夫，你丈夫必管辖你。"宗教以"莫须有"的原罪将女性变成受惩罚者、受管辖者，由此确立了女性在人世间的依附地位和苦难命运。西方的哲学家们也纷纷为两性的不平等关系进行辩护。古希腊哲学家亚里士多德认为，女人是四肢发达而头脑简单的人。欧洲中世纪经院哲学家托马斯·阿奎那曾经说："女人是成长得很快的杂草，她们是不完全的人类。"法国著名思想家卢梭认为，女性的柔弱以及对男性的依赖，决定了她们无法成长为理性公民，只能安于家庭，生儿育女、照料家务。德国著名哲学家康德认为，女人的天性完全由自然需要来定义，缺乏主见；女人不适宜做学术工作，女人的哲学不是理性只是感觉而已，女学者的学问就像一块表，只是为了向他人展示、炫耀。在德国著名哲学家黑格尔看来，女性先天脆弱、过于感性、依赖直觉、思想单纯，因此无法胜任探究理性、思辨，以及普遍性的知识教育，只有男性方可达成思想上的成就与技术上的努力。他认为，如果让妇女来领导政府，国家将陷于危殆，因为她们往往不是按普遍物的要求而是按偶然的偏好和意见来行事的。德国唯心主义哲学家叔本华则粗暴地认为，女人既愚蠢又浅见，是精神上的近视眼。总之，西方历史上所谓最富有智慧的先贤圣哲们多数认为不能把女性作为与男人同样的人来看待，他们引领的社会价值评判把女性推向"理性他者"的边缘地位。这种傲慢和偏见今天仍然顽固存在。

　　近代产生的资本主义生产方式在人类历史上第一次冲击和变革了男尊女卑、男强女弱的两性关系。资本对剩余价值永无止境的追逐以及日新月异的科技变革使生产不断降低对劳动者体力的要求，这些客观的变化使雇佣工价更低的妇女儿童成为资本主义生产发展的一个必然趋势。由此打破了传统的"男外女内"的性别分工，为女性走出家庭参加社会生产劳动和公共领域的其他活动开创了新的历史机遇，使两性关系发生了前所未有的历史变化。19世纪，在马克思恩格斯生活的年代，资本主义在蓬勃发展中也暴露出其固有的矛盾，为了揭示资本主义社会的发展规律，马克思恩格斯深入到工人阶级当中去了解他们的生产和生活状况，在调查和研究的过程中他们已经发现，在资本主义条件下两性关系发生了历史性变化。在《英国工人阶级状况》《共产党宣言》《资本论》等著作中，马克思恩格斯客观地描述了男女在生产过程和家庭生活中所处地位的变化。越来越多的工厂雇佣女工，男工面临失业和工价降低，部分家庭甚至主要依靠女工的收入来维持生计。这种经济地位的变化使很多女性在家中建立起自己的统治地位，就像过去男性凭借自己为家庭赚取收入而建立自己的统治地位一样。随着资本主义国家女工的数目一天天增多起来，她们在劳动生产中表现出伟大的力量，用实际行动否定了女性只能从事家务劳动的谬论，女性的社会地位和家庭地位明显提升，两性关系开始从男尊女卑向男女平等转变。马克思恩格斯对两性关系中男女平等的进步高度肯定。

（二）妇女解放的思潮和运动使男女平等的思想深入人心

文艺复兴和启蒙运动是推动近代欧洲社会文明进步的思想解放运动。以人为本，平等、自由、民主等重要的价值理念逐渐成为人类社会的新价值观。在这种思想解放的背景下，妇女解放的思潮和运动也迅猛发展。

在欧美资本主义国家，妇女解放的思潮和追求男女平等的运动成为社会领域的一股进步潮流。1791年，法国革命者奥兰普·德古热发表了《妇女和女性公民权利宣言》，她对照《人权宣言》清晰有力地宣布：女人生来自由，而且与男性平等，并提出17条具体的要求。这是世界上第一份公开要求妇女平等权利的宣言。1792年，英国自由女性主义代表玛丽·沃斯通克拉夫特出版了《女权辩护》，为当时英国妇女所处的无权地位大声疾呼，抨击当时的政治制度和社会制度，要求给予妇女同男人平等的受教育权、工作权和妇女选举权。1869年，英国哲学家约翰·斯图尔特·穆勒出版《妇女的屈从地位》，明确反对男性统治女性，要求寻找更合理地规范两性之间社会关系的基本原则，主张应从法律上维护妇女权利，应赋予妇女选举权和参政权，提高妇女素质，接纳妇女"进入迄今为男人独占的一切职务和职业"。尽管自由主义的女性主义思潮代表的是资产阶级妇女同男性平权的要求，存在着阶级的局限性，但在实践中为资产阶级妇女追求平等权利提供了重要的理论依据和变革动力。

随着资本主义生产的快速发展，资本主义国家女工的数目一天天增多起来，她们在劳动中表现出引人注目的伟大力量，并受到工人运动的影响，开启了无产阶级妇女解放运动。和资产阶级妇女的男女同权主义运动互相应和，无产阶级妇女解放运动也追求男女平等，但它不只是追求男女平等，还进一步追求妇女作为人的彻底解放。资产阶级妇女的改良主义的妇女解放运动和无产阶级妇女的轰轰烈烈的妇女解放运动，都使男女平等的思想观念深入人心。处在这个时代的马克思恩格斯深受妇女解放的进步思潮和革命运动的洗礼，对两性关系产生了更加进步的想法和预期。

（三）无产阶级家庭蕴含两性关系的新形态

由于传统男外女内的性别分工，奴隶社会的家庭和封建社会的家庭无疑都是父权制家庭、以男子为中心的家庭、男尊女卑的家庭。

资本主义社会的资产阶级家庭也是建立在资本之上，丈夫外出工作为家庭提供经济收入，在家庭中丈夫是有产者，而妻子是无产者，两性关系的实质依然是以男子为中心的不平等关系。所以说，不消灭私有制，资产阶级所要解决的妇女问题，也和它的政治民主问题一样，是不能够彻底予以解决的。资本主义社会产生了与资产阶级相对立的、一无所有的无产阶级，而无产阶级雇佣劳动力的再生产离不开无产阶级家庭。如前所述，无产阶级的妇女往往走出家门受雇于资本，为维持家庭生计提供工资收入，这改变了过去维持家庭生计完全依靠男人外出谋生的性别分工格局。而且无产阶级家庭并没有什么剩余财产，也不是建筑在私有制基础之上，因此，无产阶级的家庭关系相较于奴隶社会的家庭、封建社会的家庭以及资本主义社会的资产阶级家庭，都更加民主、平等、真诚，女性在这种家庭中拥有更多的话语权和平等的决策权。无产阶级家庭所蕴含的两性关系的新形态，为马克思恩格斯设想未来社会更高级的两性关系的形式提供了重要的现实启示。

二、马克思恩格斯两性关系思想产生的思想渊源

马克思恩格斯之所以能够创立马克思主义，并且在各个研究领域都有独到精辟的发现，一个很重要的原因是他们非常谦虚地学习前人的思想，善于吸收和总结人类思想史上就某个问题已经形成的思想成果，并在此基础上运用辩证唯物主义和历史唯物主义的世界观和方法论进一步推进相关研究。马克思恩格斯两性关系思想的形成与发展也是如此。

（一）古希腊、文艺复兴、启蒙运动时期的男女平等思想

古希腊的思想宝库中蕴含着大量关于妇女问题和男女平等的精辟论述。古希腊伟大的哲学家苏格拉底认为男女的禀赋并无多大差异，女性只要肯后天努力，并能接受和男子同等的教育，就同样可以成为一个道德完善的人。柏拉图在《理想国》第五卷中明确阐述了一个体现男女平等的思想观点，"没有任何一项管理国家的工作，因为女人在干而专属于女性，或者因为男人在干而专属于男性。各种的天赋才能同样分布于男女两性。"①苏格拉底和柏拉图主张男女应当在教育上平等，在社会角色上平等，并要求废除私有制，使人们团结一致、友爱互助，达到自由、平等、幸福的理想社会。这些合理的思想成分后来在马克思恩格斯两性关系思想中都有所体现。

文艺复兴运动是一场深刻的思想解放运动。文艺复兴的主旨是反对神学，宣扬"人文主义"。文艺复兴的杰出代表薄伽丘、莎士比亚等，面对当时社会中男女社会地位极不平等的社会现实，提出了反对等级制、私有制，主张男女平等，赞美女性的优秀品质，提倡女性平等追求意志自由和个性解放。薄伽丘在《十日谈》中明确反对男女不平等，主张妇女应该享有同男性平等的地位。莎士比亚是欧洲文学史上最杰出的剧作家和诗人之一。马克思和恩格斯非常热爱和尊崇莎士比亚，对莎士比亚及其作品给予高度评价。莎士比亚以人文主义观点、男女地位平等的观念，在其多部作品中塑造了许多给人留下深刻印象的资产阶级新女性形象，如《威尼斯商人》中

---

① 柏拉图. 理想国 [M]. 郭斌和，等译. 北京：商务印书馆，1986：189.

美丽聪慧、博学多才、宽宏大度的鲍西娅,《奥赛罗》中美丽纯洁、爱情专一的苔丝狄蒙娜,《罗密欧与朱丽叶》中忠贞不渝、正直勇敢、温文尔雅的朱丽叶等。作为世界文坛巨匠,莎士比亚的男女平等思想富有深刻的现实意义,对马克思恩格斯有着极其重要的影响。文艺复兴带给女性的解放为接下来的平权运动做了思想上的动员。

马克思恩格斯还在批判的基础上继承了启蒙思想中进步的两性关系思想。启蒙运动时期,天赋人权、自由平等的思想使人们更加关注受到压迫的妇女。启蒙思想家们往往认为女人也是人,要求实现妇女解放和男女平等,如法国启蒙思想家孟德斯鸠在自然法则基础上提出男女平等观。他认为,所有人类是天然平等的,那种认为妇女比男子生来就更低级的观念,违背一般的自然法则,男尊女卑、虐待女性违背了两性平等的自然法则。洛克认为,不能局限于男女关系来谈妇女的解放,性别压迫不仅是男女之间的权利之争,而且是政治制度、政治权力不公正的表现,因此,妇女的解放要与政治制度的改革联系起来。狄德罗于1772年发表了《论妇女》的短篇随想,深切而热烈地表达了他对妇女的爱护和歌颂,他满怀激情地宣称:"如果我是立法者,我会给你们自由,我会将你们置于法律之上;不管你们出现在什么地方,你们都将成为神圣不可侵犯者。"[①]孔多塞在他的著名的论文《论妇女的公民权》中,明确主张赋予妇女平等的政治和法律权利。启蒙时代的大多数思想家还主张妇女应享有受教育的平等权利。启蒙运动以及法国大革命使女性的权利意识和主体意识开始觉醒,意识到女性需要解放,需要拥有平等的权

---

① 本社选编. 外国女权运动文选 [M]. 北京:中国妇女出版社, 1987: 210.

利,从而开启了女性解放运动的征程。

(二)空想社会主义的妇女解放思想

空想社会主义的妇女解放思想是马克思恩格斯两性关系思想的重要来源。从托马斯·莫尔到19世纪的三大空想社会主义者,在设想未来理想社会的时候,都对现实社会中的男女不平等现象进行了客观地揭露和无情地批判。莫尔积极提倡人性、反对神性,提倡人权、反对神权。在《乌托邦》中,莫尔描绘消灭私有制之后的乌托邦人的婚姻家庭,乌托邦人实行严格的一夫一妻制,妇女受到人们的尊重,并且享有同男子一样的受教育权利。19世纪的三大空想社会主义者,在批判资本主义黑暗的剥削制度的时候,鲜明地提出了妇女解放的问题,在构想未来理想社会的时候,关注到未来社会妇女的生存与发展问题。法国哲学家、经济学家圣西门在《一个日内瓦居民给当代人的信》中提出,一个社会如果不关心占人口一半的妇女的安全,这个社会就是不合理的。圣西门非常憎恨剥削者,明确反对使妇女处于从属地位的社会制度,认为妇女应该参与政治活动和担任公职。马克思恩格斯非常赞成傅立叶在《四种运动的理论》中提出的重要观点,"某一历史时代的发展总是可以由妇女走向自由的程度来确定,因为在女人和男人、女性和男性的关系中,最鲜明不过地表现出人性对兽性的胜利。妇女解放的程度是衡量普遍解放的天然尺度。"[①] 可以说,傅立叶在社会主义思想史上最早明确地提出了妇女解放思想。马克思恩格斯评价傅立叶的观点比鲁道夫的唯

---

① 马克思恩格斯全集:第2卷[M].北京:人民出版社,2009:249-250.

心主义妇女观要深刻得多。欧文把私有制、宗教和资本主义婚姻形式看作改造社会的三大障碍，同时，他还在实践基础上就实现男女平等的理想提出了许多具体的措施。空想社会主义者的妇女解放、男女平等思想为马克思恩格斯创立两性关系思想提供了重要的思想启迪。

（三）人类学关于古代社会两性关系的思想

马克思恩格斯对两性关系认识的不断深化，还与同一时期的原始社会史以及人类学的研究成果密不可分。他们非常关注瑞士人类学家巴霍芬的著作《母权论：根据古代世界的宗教和法权本质对古代世界的妇女统治的研究》和苏格兰原始社会史家麦克伦南的著作《古代史研究》和《原始婚姻》，尤其非常深入地考察了美国著名人类学家摩尔根研究原始社会史的代表作《古代社会》。通过归纳、概括这些原始社会史以及人类学的研究成果，马克思恩格斯对婚姻家庭形式的历史演变的认识更加符合逻辑与历史相统一的原则。暮年的马克思在研读摩尔根的《古代社会》的时候，写下了十分详尽的摘录和批语，并打算运用唯物史观来阐述摩尔根的研究成果，但他最终未能实现这个愿望就与世长辞。恩格斯在马克思笔记的基础上，批评地继承巴霍芬、麦克伦南、摩尔根等人的合理思想成份，写出了重要著作《家庭、私有制和国家的起源》，在探索家庭、私有制和国家的历史发展的过程中，深刻系统地阐述了妇女解放、男女平等以及婚姻家庭的历史发展规律。在我们看来，这篇文献是马克思恩格斯集中阐述两性关系思想的经典著作。

（四）自由主义的女性主义思想

从18世纪末期到20世纪60年代，资本主义国家兴起以自由主义为理论基础的女性主义思潮，代表人物主要有英国的玛丽·沃斯通克拉夫特、约翰·斯图尔特·穆勒等。1791年9月，法国革命者奥兰普·德古热发表了法国历史上也是人类历史上第一份要求妇女权利的《妇女和女性公民权利宣言》，开启了妇女解放革命运动的历史。1792年，玛丽·沃斯通克拉夫特女士发表了《女权辩护》。在这部重要的女权主义经典文献中，她对当时英国的教育制度进行了无情批判，认为这种教育使女性处于一种"无知和奴隶式依附"状态，是造成女性社会地位卑下的罪魁祸首；她把婚姻视为一种"合法的卖淫"，对女性自甘沉沦于依附，甚至奴性状态深感痛心；她主张女性的权利同男性的权利应该是平等的，呼吁给予女性同男性一样的教育权、工作权和政治权。英国著名的哲学家、心理学家约翰·斯图尔特·穆勒于1869年出版了《女性的屈从地位》。在书中，穆勒从社会进步的需要角度出发，提出应尽快解决女权问题。他认为女性的能力看上去低于男性，实际是长期的社会压迫和错误教育的结果，是压抑一方激励另一方的结果。他主张应从法律上维护女权，赋予妇女选举权和参政权，提高妇女素质，接纳妇女进入迄今为男子独占的一切职务和职业。他认为这样做的结果，将使整个人类关系得到普遍的整顿，人类的天性也将得到极大的好处。自由主义的女性主义思想虽然代表的是资产阶级女性的解放诉求，但它提出的基本主张包括理性、公正、机会均等和选择自由等，对近代200多年的女性解放运动起到了一定的推动作用。马克思恩格斯在对妇女解放和两性平等的思考中也体现了这些进步的思想成果。

三、马克思恩格斯两性关系思想产生的理论基础

实际上，马克思恩格斯并没有专门研究两性关系问题，而是在研究哲学、政治经济学、科学社会主义的过程中，基于人类解放的视角研究包括两性关系问题在内的各种社会问题，其中对两性关系问题的精辟论述构成了马克思恩格斯两性关系思想。马克思主义的哲学、政治经济学和科学社会主义是两性关系思想形成的根本理论基础和方法基础。

（一）辩证唯物主义和历史唯物主义

辩证唯物主义是马克思恩格斯观察整个世界的世界观基础。马克思恩格斯认为，整个世界统一于物质，物质具有客观实在性，人的主观意识应当力求在实践基础上反映客观事物的运动状况。两性关系是男女之间存在的客观联系，而且始终处于相互作用的运动变化过程之中。马克思恩格斯坚持一切从实际出发、理论联系实际地考察两性关系问题。他们首先看到了两性关系的客观现实性，认为人与人的最直接的、自然的、必然的关系就是男人对女人的关系。他们仔细地观察资产阶级的婚姻家庭状况，参加工人运动，深入到工人阶级的生产和生活之中，了解无产阶级男女在生产中和婚姻家庭中的相互关系。在《英国工人阶级状况》《共产党宣言》《资本论》等经典著作中，马克思恩格斯基于两性关系的实际状况，客观

第一章 马克思恩格斯两性关系思想产生的条件

地揭示了资本主义制度下资产阶级和无产阶级的两性关系的基本形态。辩证法是马克思主义的活的灵魂。马克思恩格斯不是形而上学地看待两性关系问题，而是坚持用唯物辩证法的立场、观点、方法看待两性关系问题。他们的研究目的就是要揭示两性关系的内在联系和发展规律。因此，他们既看到了两性之间的相互依存、相互作用、相互合作、相互促进的辩证统一性，又看到了两性之间从古至今的对立冲突以及这种对立冲突背后深层次的社会历史根源。在此基础上，他们提出了解决两性之间的对立冲突、实现两性关系和解的基本路径。

唯物史观是马克思主义的两大发现之一，为人类考察历史发展过程和理解人类社会发展规律提供了重要的哲学基础。唯物史观认为，社会存在决定社会意识，社会意识反作用于社会存在；生产力决定生产关系，生产关系反作用于生产力；经济基础决定上层建筑，上层建筑反作用于经济基础；人民群众是历史的创造者，等等。唯物史观成为马克思恩格斯研究两性关系的科学指南。在《德意志意识形态》《家庭、私有制和国家的起源》中，马克思恩格斯或者在论述唯物史观的过程中论及两性关系问题，通过两性关系问题的论述来阐明和充实唯物史观；或者运用唯物史观来论述两性关系的历史演变，揭示两性关系对立冲突的经济根源和阶级基础，从而反过来强化、证实了唯物史观的科学性和真理性。马克思恩格斯在唯物史观的基础上，构建了两性关系思想的理论基础：两性关系的对立统一往往都是根据生产力发展和两性的经济地位的变化而变化的，没有抽象的统一和对立；分工和私有制是妇女受压迫的根源，消灭私有制是消除两性对立冲突的根本路径。

辩证唯物主义和历史唯物主义既是马克思恩格斯研究和论述两性关系的理论基础，也是马克思恩格斯研究和论述两性关系的方法基础。

（二）马克思主义政治经济学

马克思主义政治经济学是马克思恩格斯研究资本主义制度下女性地位发生变化的重要理论基础。马克思主义政治经济学的理论核心内容是劳动二重性学说和剩余价值学说，它深刻地揭示了资本对雇佣劳动的残酷剥削，资产阶级与无产阶级之间的阶级对立。在政治经济学的基础之上，马克思恩格斯分析了为什么资本主义社会女性会走出家庭参加社会生产，为什么女性在无产阶级家庭中的地位得到提高，分析了资本对女工的残酷剥削和无情压榨，资本家对女工的人身束缚和人身侵害，资本主义社会中卖淫的无产阶级妇女为什么不计其数。他们辩证地看待资本主义生产给女性命运带来的深刻影响，既看到社会化大生产为女性提供了前所未有的参与社会生产的历史机遇，推动了妇女解放和男女平等的历史进程，又看到了资本家对广大女性的残酷剥削和欺侮，资本主义社会不可能真正实现妇女的自由解放和男女平等。在《资本论》中，马克思指出："由于大工业使妇女、男女少年和儿童在家庭范围以外，在社会地组织起来的生产过程中起着决定性的作用，它也就为家庭和两性关系的更高级的形式创造了新的经济基础。"[①] 马克思主义政治经济学为马克思恩格斯分析妇女为什么受到资本剥削和压迫、经济地位变化

---

① 马克思恩格斯文集：第5卷 [M]．北京：人民出版社，2009：563．

如何引起两性关系变化等重要问题提供了经济理论基础。

（三）科学社会主义

马克思恩格斯研究两性关系的根本目的是要解决两性之间的对立冲突和探寻更合理的两性关系的形式或者秩序，而这种探寻是与科学社会主义的理论研究密切联系在一起的。一方面，马克思恩格斯在论述科学社会主义的过程中论及两性关系的未来形态。如恩格斯在《共产主义原理》中谈到"共产主义社会制度对家庭将产生什么影响？"的时候，就论及共产主义社会的婚姻家庭和两性关系；在《共产党宣言》中，马克思恩格斯批判资产阶级异化的家庭和两性关系，设想共产主义社会的婚姻家庭和两性关系将摆脱异化回归本质。另一方面，马克思恩格斯在考察婚姻家庭和两性关系的历史演变中，充分运用科学社会主义的基本观点来阐述两性关系思想。如恩格斯在《家庭、私有制和国家的起源》中，分析人类历史的初期，两性关系是比较平等自由的，分工和私有制导致两性关系对立冲突和异化发展，未来的社会必将消灭私有制，而两性关系将随着私有制的消灭走向平等和谐，两性关系的和解也会促进人类解放和每个人的自由全面发展。所以，恩格斯在《家庭、私有制和国家的起源》中谈道："我们现在关于资本主义生产行将消灭以后的两性关系的秩序所能推想的，主要是否定性质的，大都限于将要消失的东西。"[①] 科学社会主义是马克思恩格斯探索更合理的两性关系形式的重要理论基础。

---

① 马克思恩格斯文集：第4卷 [M]. 北京：人民出版社，2009：96.

第二章 两性的辩证统一性

马克思恩格斯从唯物辩证法出发，将男女两性视为对立统一的矛盾，既相互依存、相互作用、相互合作，又相互斗争、相互对立、相互冲突。男女两性关系的矛盾贯穿整个人类历史。马克思恩格斯从不同的角度揭示两性的辩证统一性，为阐明两性之间不可分割的内在联系奠定了思想基础。

一、"人对人的直接的、自然的、必然的关系是男人对妇女的关系"

《1844年经济学哲学手稿》是马克思早期的经典之作。马克思在批判古典政治经济学和古典哲学的基础上，阐述了劳动异化理论，揭示了人的社会关系的各种异化现象，触及人的本质和类特征。人的社会关系的各种异化现象就包含着男女两性关系的异化现象。而粗陋的共产主义针对两性之间的异化现象却提出了公妻制的荒谬主张，这遭到了马克思的激烈批判。"最后，这个用普遍的私有财产来反对私有财产的运动是以一种动物的形式表现出来的：用公妻制——也就是把妇女变为公有的和共有的财产——来反对婚姻（它确实也是一种排他性的私有财产的形式）。人们可以说，公妻制这种思想是这个还相当粗陋的和毫无思想的共产主义的昭然若揭的秘密。"①

马克思针对人们在两性关系上的错误观点和态度，明确提出了自己的观点。首先，马克思指出："把妇女当做共同淫欲的俘获物和婢女来对待，这表现了人在对待自身方面的无限的退化，因为这种关系的秘密在男人对妇女的关系上，以及在对直接的、自然的类关系的理解方式上，都毫不含糊地、确凿无疑地、明显地、露骨地表现出来。人对人的直接的、自然的、必然的关系是男人对妇女的关系。"②马克思认为，男女之间的关系是人与人之间本质关系的一种反映，也是人与自然之间关系的最直接的表现。男人对妇女的关系是直接的、自然的、必然的类关系，实质就是两性关系。人如果把自然理解成一个需要征服的对象，自然就不是"人的无机的身体"；男性如果只是把女性当作淫欲的对象和欺压的对象，那么在这种直接的、自然的类关系上所表现出来的就不是人性，而是兽性，是人类文明的无限退化，男人和妇女都不是作为人存在的。从这段论述也可以看出，两性关系不仅是人类社会客观存在的一种社会关系，而且是贯穿整个人类历史的、最基本的、最普遍的社会关系。人分为男女，男女之间相互联系，这就是自然界和人类社会发展的必然现象。如同中国《周易·系辞上》所说："一阴一阳之谓道。继之

---

① 马克思恩格斯文集：第1卷［M］.北京：人民出版社，2009：183.
② 同①，第184页.

者善也，成之者性也。"① 两性关系是从人类诞生之时起就客观存在的，男女两性就像阴阳两个方面、两种力量，是相辅相成、相互依存、不可偏废的。我们无法想象一个只有男人的世界或者一个只有女人的世界。

其次，马克思认为，男女两性在人的本质上相互确证，如何处理两性关系反映人类文明的发展程度。在指出人对人的直接的、自然的、必然的关系是男人对妇女的关系之后，马克思认为，"从这种关系就可以判断人的整个文化教养程度。从这种关系的性质就可以看出，人在何种程度上对自己来说成为并把自身理解为类存在物、人。"② 也就是说，男女两性关系可以反映人性和人的本质及其实现。越是把妇女当做自然的人，不把妇女当做平等的社会的人，人的本质就越表现为自然的本质，人的本性就越表现为自然的本性，人的文化教养程度就越低。人的社会本质和自然本质是辩证统一的，男人与妇女是互相作用的对象性关系，男人不把妇女当人的时候，男人也不把自己当人。当男人把妇女当人的时候，男人和妇女都既是自然的人又是社会的人，男人的本质就是妇女的本质，妇女的本质也就是男人的本质，这就充分体现了人的教养程度。正如空想社会主义者傅立叶所说："某一历史时代的发展总是可以由妇女走向自由的程度来确定，因为在女人和男人、女性和男性的关系中，最鲜明不过地表现出人性对兽性的胜利。"总之，两性关系是男人和女人确证自己是人、确证对方是人的一个重要方面。

---

① 冯友兰. 中国哲学简史 [M]. 赵复三，译. 天津：天津社会科学院出版社，2005：149.
② 马克思恩格斯文集：第1卷 [M]. 北京：人民出版社，2009：184-185.

最后，马克思认为，两性关系还反映人的需要是否是合乎人性的需要。马克思指出，"这种关系还表明，人的需要在何种程度上成为合乎人性的需要，就是说，别人作为人在何种程度上对他来说成为需要，他作为最具有个体性的存在在何种程度上同时又是社会存在物。"① 两性之间具有相互的生理上的性需要，这是自然属性的需要，但如果仅是把妇女当成淫欲的虏获物和婢女，实际上就是把妇女当成淫乐的对象，像当成一个物、一件工具来对待，那就不是合乎人性的需要。把吃喝住穿性作为生活的全部目的，像动物一样生活就感到自由快乐，而做人的时候却感到痛苦压抑，这实际上是人的需要以及需要得到满足的异化的生存困境。人是文化的动物，文化是人的生存样式，人既要满足自然生理的需要，也要满足文化的需要，只有如此，才是合乎人性的需要，而不是动物性的需要。男人符合人性的需要才是真正的人的需要，妇女作为人成为他的需要，他也作为人成为妇女的需要，在这种相互的性需要的满足中体现了人既是最具有个性的存在，同时也是受到伦理道德约束的社会存在物。

总之，男女两性作为对立统一的矛盾，矛盾着的双方首先具有互相依存、互相作用的统一性。马克思指出，"人的本质不是单个人所固有的抽象物，在其现实性上，它是一切社会关系的总和。"② 两性关系作为男人和女人之间的社会关系，实际上也是人的本质的一种体现。两性关系既具有自然属性又具有社会属性。两性之间由生

---

① 马克思恩格斯文集：第1卷［M］．北京：人民出版社，2009：185．
② 同①，第501页．

理的需要衍生出来的爱欲，是一种从一开始就发生在感官世界的实在的、物质的发展，影响着每个具体的人。客观存在的爱欲决定了性别的同一性和不可分割性，只不过随着人类文明的进步，这种爱欲受到文化的制约，以一定的文化形式得以实现。哲学家皮埃尔·勒鲁甚至认为，"男人和女人不是两个不同的个体，而是一个个体的两个方面，"[①] 禁绝两性的正常生理需要，割裂正常的两性关系，加剧两性对立，是违反自然规律和社会发展规律的，是非常有害的。合乎自然规律地对待妇女才是合乎人的自然人性的，如尊重妇女的身体、人格；合乎社会规律地对待妇女才是合乎人的社会本性的，如社会分工中的男女平等。人格上的男女平等和社会地位上的男女平等犹如一枚硬币的正反两面、不可分割。在马克思看来，两性关系是判断人与人的关系、人的合乎人性的需要、人的社会属性的重要参数或尺度之一，两性关系也是男人和女人确证自己是人、确证对方是人的一个重要方面。

二、两性在两种生产过程中的合作关系

马克思恩格斯不仅揭示了男女之间的关系是人类社会最基本的社会关系，而且揭示了男女两性在利益上相互合作、彼此受益的同一性。马克思恩格斯创立了两种生产理论，在阐述两种生产的发展规律的过程中，揭示了两性在两种生产中的互相合作和利益共同体关系。

---

① 皮埃尔·勒鲁. 论平等 [M]. 王允道，译. 北京：商务印书馆，2012：49.

（一）两种生产理论

在《德意志意识形态》中，马克思恩格斯提出"全部人类历史的第一个前提无疑是有生命的个人的存在"①。而"一切人类生存的第一个前提，也就是一切历史的第一个前提，这个前提是：人们为了能够'创造历史'，必须能够生活。但是为了生活，首先就需要吃喝住穿以及其他一些东西。因此第一个历史活动就是生产满足这些需要的资料，即生产物质生活本身"②。这就是物质生活资料的生产。"一开始就进入历史发展过程的第三种关系是：每日都在重新生产自己生命的人们开始生产另外一些人，即繁殖。"③ 这就是人自身的生产。"生命的生产，无论是通过劳动而生产自己的生命，还是通过生育而生产他人的生命，就立即表现为双重关系：一方面是自然关系，另一方面是社会关系；社会关系的含义在这里是指许多个人的共同活动，不管这种共同活动是在什么条件下、用什么方式和为了什么目的而进行的"④。在这里，两种生产就是指"通过劳动而生产自己的生命"和"通过生育而生产他人的生命"。有了这两种基本的生产，才能满足全部人类历史的第一个前提，即"有生命的个人的存在"。

在《家庭、私有制和国家的起源》的序言中，恩格斯进一步阐明"两种生产"理论，"根据唯物主义观点，历史中的决定性因素，

---

① 马克思恩格斯文集：第1卷 [M]. 北京：人民出版社，2009：519.
② 同①，第531页。
③ 同①，第532页。
④ 同③。

归根结底是直接生活的生产和再生产。但是,生产本身又有两种。一方面是生活资料即食物、衣服、住房以及为此所必需的工具的生产;另一方面是人自身的生产,即种的繁衍。一定历史时代和一定地区内的人们生活于其下的社会制度,受着两种生产的制约:一方面受劳动的发展阶段的制约,另一方面受家庭的发展阶段的制约。"① 人类社会的发展,从根本上受到两种生产的制约。历史发展表明,物质生活资料的生产和人自身的生产是社会生产不可分割的两个方面,前者是人类得以生存和发展的物质基础,后者是人类种族延续、持续发展的前提和必要条件。两种生产既互为条件又互为结果,既互相制约又互相促进,既互相适应又互相不适应。正是在两种生产的对立统一的矛盾运动中,人类社会才能够生生不息、延续至今。

(二) 两性在人自身的生产过程中互相合作

对于人类社会存续至关重要的两种生产,都离不开两性之间的密切合作,尤其是人自身的生产,需要通过两性结合和人的生殖活动过程才能顺利完成。人类为什么需要不断地繁衍和生育后代,从而完成种族延续呢?首先,如上所述,人类历史的第一个前提是有生命的个人的存在;其次,种族延续是个人生存所必需的条件。人和人类社会诞生以来的历史和实践表明,每个人不但是生物的个体,而且是社会的一个分子,人和人之间结成一定的社会关系,相互分工合作,构成一个完整的社会,由此,这个社会和社会中的个人才

---

① 马克思恩格斯文集:第4卷 [M]. 北京:人民出版社,2009:15-16.

能得以生存和发展，因此，社会完整是个人创造历史、创造生活的必要条件，而社会的完整必须有稳定的人口，稳定的人口有赖于社会成员的、永不间断的新陈代谢，所以就必须不断地进行繁衍和生育，完成种族延续。正如马克思所说："吃、喝、生殖，等等，固然也是真正的人的机能。但是，如果加以抽象，使这些机能脱离人的其他活动领域并成为最后的和唯一的终极目的，那它们就是动物的机能。"① 人的生殖活动虽然看似低级，但却是人的其他活动的基础，对人类社会也是至关重要的。

迄今为止，以性为基础的两性生殖活动构成各个民族繁衍生息的根基。在《德意志意识形态》中，马克思恩格斯指出："分工起初只是性行为方面的分工，后来是由于天赋（例如体力）、需要、偶然性等等才自发地或'自然地'形成的分工。"② 性行为方面的分工就决定了必须有性行为方面的合作。人作为一个生物物种，始终是自然界的一部分，种族繁衍始终要遵循两性结合和生殖活动的自然规律。当然，人不同于动物，动物依靠自然本能就能够繁衍种族。人往往要先有情感、有爱情、有婚姻家庭，才能出现两性生殖和延续后代。所以，"每日都在重新生产自己生命的人们开始生产另外一些人，即繁殖。这就是夫妻之间的关系，父母和子女之间的关系，也就是家庭。"③ 马克思在《论离婚法草案》中表达了他对家庭的重视，他认为夫妻如果仅是两个个体为了所谓的幸福主义就草率离婚而忘记了家庭的话，那么这种离婚就是任性的、不顾伦理责任的行

---

① 马克思恩格斯文集：第1卷[M].北京：人民出版社，2009：160.
② 同①，第532页。
③ 同②。

为。马克思认为婚姻是家庭的基础,已婚者的任性应该服从婚姻的本质,而立法者应当承认婚姻的深刻的、合乎伦理的本质,夫妻之间不应该那么草率地因为一些冲突就导致离婚。在马克思恩格斯看来,男女结合成夫妻、组成家庭、生育子女,是符合客观规律、实现人自身生产的基本形式。中国著名的社会学家、人类学家费孝通曾在《生育制度》一书中专门论及生育问题。他这样写道:"当前的世界上,我们到处可以看见男女们互相结合成夫妇,生出孩子来,共同把孩子抚育成人。这一套活动我将称之为生育制度。"① 很显然,这种生育制度是迄今为止有效保障人类种族延续的基本制度。而这种生育制度是建立在两性互相合作的基础之上的。假设世界上男女不互相结合,也不生育孩子和共同抚养孩子,那人类将面临种族灭亡的绝境。这是一个不需要过多科学论证的朴素的事实。

马克思恩格斯立足辩证唯物主义,从资本主义社会的现实出发,分析了人类社会生育制度的历史演变。恩格斯在《家庭、私有制和国家的起源》中,以宏观的视野阐明了人类社会早期发展阶段的历史,原始社会的人类曾经盛行杂乱的性关系,女性生育的孩子不知道父亲是谁,只知道母亲是谁,因此世系只能根据母系来决定。女性生育后代的贡献受到相应的认可和尊重,加之女性的物质生产劳动卓有成效,女性对两种生产的贡献奠定了女性在人类社会早期较为自由、受到尊重的社会地位。生产方式和交换方式的变革推动了两性关系和婚姻家庭形式的演变。血缘家庭、普那路亚家庭虽然还是群婚制,但比杂乱性关系要进步得多,逐渐排除了同一辈的亲属

---

① 费孝通.生育制度[M].天津:天津人民出版社,1981:1.

之间和直系亲属之间的性关系和婚姻关系，使生育的后代更加健壮聪明，反映了人类自身不断进化的客观必然性。对偶制家庭已经初具一夫一妻制家庭的形式，但男女两性之间还只是暂时松散地结合的配偶。从对偶制家庭中产生了专偶制家庭，即一夫一妻制家庭，在这种家庭中，"丈夫在家中也掌握了权柄，而妻子则被贬低，被奴役，变成丈夫淫欲的奴隶，变成单纯的生孩子的工具了。"[1] 在这种婚姻家庭中，女性被禁锢在家庭中料理家务和生育孩子，并且女性的家务劳动和生育活动的贡献及价值都被社会遮蔽和漠视，被认为是微不足道的。这种男女不平等的婚姻家庭制度对于生育和种族延续来讲是有效的，但对于女性的命运而言是极其不公平的。因此，恩格斯主张，未来社会的婚姻家庭必须是建立在男女平等的基础之上，要使家务劳动社会化，孩子抚育社会化。

马克思恩格斯不仅强调家庭中夫妻对下一代的责任，而且非常重视社会对青少年儿童的保护和教育。在他们看来，未来的生育制度是在男女平等基础上的两性结合、生育孩子和社会共同抚养孩子、教育孩子。在《临时中央委员会就若干问题给代表的指示》中，马克思提出："儿童和少年的权利应当得到保护。他们自己没有能力保护自己。因此社会有责任保护他们。"[2] 在《共产主义原理》中，恩格斯认为在未来共产主义社会中，"私人的家务变为社会的事业。孩子的抚养和教育成为公共的事情；社会同等地关怀一切儿童，无论是婚生的还是非婚生的。"[3] 在《共产党宣言》中，马克思恩格斯主

---

[1] 马克思恩格斯文集：第4卷 [M]. 北京：人民出版社，2009：68.
[2] 马克思恩格斯全集：第16卷 [M]. 北京：人民出版社，2009：217.
[3] 同[1]，第89页。

张"对所有儿童实行公共的和免费的教育。取消现在这种形式的儿童的工厂劳动。把教育同物质生产结合起来,等等"①。因此,两性相爱结合并生育的孩子,是社会的一份子,将得到全社会的关怀和教育。

(三) 两性在物质资料生产过程中互相合作

马克思恩格斯创立了唯物史观,认为社会存在决定社会意识,物质资料生产既奠定了社会发展的根本物质基础,也是推动人类历史发展的决定性因素。在两种生产中,物质资料生产是最根本的生产,也是人类的第一个历史活动。物质资料生产也是人的劳动的主要内容,而人的本质、自由意识和自我存在的确证都是通过人的劳动来实现的。因此,人人都应当享有从事物质资料生产的自由权利和平等权利。

马克思认为:"一个种的整体特性、种的类特性就在于生命活动的性质,而自由的有意识的活动恰恰就是人的类特性。""有意识的生命活动把人同动物的生命活动直接区别开来。"② 无论是女性还是男性,都具有有意识的生命活动的特征,都能够从事物质生产劳动。在马克思恩格斯看来,人类历史的初期,两性都为物质资料的生产做出了力所能及的贡献。在男性狩猎、捕鱼和女性采集这种偶然的自然分工当中,女性劳动的生产效率高于男性,因此,女性对物质资料生产的贡献甚至大于男性。这是历史上曾经存在过母系社会的

---

① 马克思恩格斯文集:第2卷 [M]. 北京:人民出版社,2009:53.
② 马克思恩格斯文集:第1卷 [M]. 北京:人民出版社,2009:162.

原始社会形态的经济原因。由此可见，女性并不是天生柔弱只能禁足在家庭从事家务劳动的，在人类历史的初期，女性和男性在社会生产中的地位和作用是大致相当的。

将女性排斥于社会生产之外，禁锢于家庭之中料理家务和生儿育女的情况是从父系时代开始逐渐出现的。生产工具的革新引起生产力水平的变革。男性由于体能优势逐渐成为新生产力的主体，几乎主宰了社会的全部生产过程，在经济基础上压倒妇女，妇女的生产活动被压缩在家庭范围内，满足家庭生活需要和生育后代。恩格斯认为，"母权制被推翻，乃是女性的具有世界历史意义的失败。"① 这一历史变革的根本原因在于妇女被排斥在社会生产之外，社会生产的主体是男性，男性掌控了生产资料和生产过程以及财产的占有权和分配权。同时，妇女从事的家务劳动在历史的初期是社会生产的组成部分，但在父系时代却被视为微不足道、毫无价值的劳动。长期的男外女内、男主女从的性别分工为男尊女卑、男性统治女性奠定了坚实的物质基础。但即便在男外女内的性别分工条件下，典型的男耕女织的生产模式也体现了两性在物质资料生产过程中的互补和分工合作。

马克思指出："通过实践创造对象世界，改造无机界，人证明自己是有意识的类存在物，就是说是这样一种存在物，它把类看做自己的本质，或者说把自身看做类存在物。……但是，动物只生产它自己或它的幼仔所直接需要的东西；动物的生产是片面的，而人的生产是全面的；动物只是在直接的肉体需要的支配下生产，而人甚

---

① 马克思恩格斯文集：第4卷[M]．北京：人民出版社，2009：68.

至不受肉体需要的影响也进行生产,并且只有不受这种需要的影响才进行真正的生产;动物只生产自身,而人再生产整个自然界;动物的产品直接属于它的肉体,而人则自由地面对自己的产品。动物只是按照它所属的那个种的尺度和需要来构造,而人却懂得按照任何一个种的尺度来进行生产,并且懂得处处都把固有的尺度运用于对象;因此,人也按照美的规律来构造。"① 人的实践和劳动,实质是人的本质的体现,是证明人是有意识的类存在物。妇女被排除于社会生产外,仅限于家庭内从事家务劳动,就是不把妇女当人,不把妇女当成主体,而是仅把妇女当成男性的附属品和依附者。妇女参加物质资料生产是妇女作为人的本质的体现,是女性进行自由的、有意识的创造性活动的重要途径,因此,妇女解放首要的要求就是妇女回到公共生活领域,参加社会革命运动和社会生产劳动。

马克思恩格斯认为,物质资料生产需要充分调动两性共同生产的劳动积极性。生产力是人类社会发展的根本的决定性因素,而人是生产力中最重要的主体,是最活跃、最能动的生产力要素,对生产过程起着主导作用。男人和女人都是生产力的主体,都对推动物质资料生产和社会变革具有巨大的能动作用。所以,恩格斯反对传统西方哲学提出的女性缺乏理性、只适合从事家务劳动的毫无根据的谬论,竭力主张家务劳动社会化,妇女走出家庭重新回到公共事业中去。他主张变革不合理的性别分工,认为"妇女的解放,只有在妇女可以大量地、社会规模地参加生产,而家务劳动只占她们极

---

① 马克思恩格斯文集:第1卷 [M]. 北京:人民出版社,2009:162-163.

少的工夫的时候,才有可能。"① "妇女解放的第一个先决条件就是一切女性重新回到公共的事业中去;而要达到这一点,又要求消除个体家庭作为社会的经济单位的属性"②。恩格斯甚至认为:"妇女说得非常少,做得非常多,平均每一个妇女的工作等于三个男人。"③ 妇女自由平等地参与社会生产、参加公共领域的活动,这既是妇女解放的需要,也是妇女作为人实现全面发展的需要,同时也是社会发展进步的需要。

后来的继承者和创新者发展了马克思恩格斯关于充分发挥妇女对革命和生产的积极作用,加强了两性在革命和生产过程中合作的思想观点。列宁指出,"苏维埃政权所开始的这一事业,只有在俄国不是有几百个妇女,而是有千百万个妇女投入这一事业时,才能够向前推进。"④ 斯大林认为:"妇女在集体农庄中是一支巨大的力量。埋没这支力量就是犯罪。我们的责任就是要推动集体农庄中的妇女前进,运用好这支力量。"⑤ 革命时期,毛泽东认为全国妇女起来之日就是中国革命胜利之时。中华人民共和国成立后,毛泽东强调,"中国的妇女是一种伟大的人力资源。必须发掘这种资源,为了建设一个伟大的社会主义国家而奋斗。"⑥ 他还形象地指出,在社会主义建设中,要充分发动妇女,好比一个人有两只手,缺少一只不行,

---

① 马克思恩格斯文集:第4卷[M]. 北京:人民出版社,2009:181.
② 同①,第88页。
③ 马克思恩格斯全集:第34卷[M]. 北京:人民出版社,1972:234.
④ 马克思 恩格斯 列宁 斯大林 论妇女[M]. 北京:中国妇女出版社,1978:298.
⑤ 同④,第356页。
⑥ 中华全国妇女联合会. 毛泽东 周恩来 刘少奇 朱德 论妇女解放[M]. 北京:人民出版社,1988:64.

缺少了妇女的力量是不行的，两只手都要运用起来。邓小平、江泽民、胡锦涛都充分认识到了发挥妇女"半边天"作用和两性密切合作、共同推动社会发展的重要性。

毋庸置疑，一个社会只有充分发挥男女作为历史主体的积极性、能动性、创造性，发挥男女两性各自的劳动优势，提高两性合作的效率，克服不平等的两性关系造成的生产力严重浪费现象，才能使社会处于持续、协调、和谐、高效的发展状态。在马克思恩格斯看来，妇女和男子的平等主要体现在拥有平等的参与公共事业的机会，所以必须消灭不合理的性别分工。消灭不合理的性别分工有助于消灭私有制、实现两性经济平等和每个人全面自由的发展。近代以来，社会主义革命和社会主义国家优于资产阶级革命和资本主义国家的一个显著事实就是，在社会发展过程中尽可能消除了阻碍妇女发展的各种因素，全方位地优化妇女生存发展的社会环境和历史条件，为一切愿意"回到公共事业"中去的妇女开辟广阔的发展空间，充分发挥妇女作为历史创造者的主体作用，使妇女在推动社会进步的同时实现自身的解放和发展。

三、两性在爱情、婚姻、家庭中的感情关系

恩格斯说："人与人之间的，特别是两性之间的感情关系，是自从有人类以来就存在的。"[1] 男女两性之间不仅存在经济利益关系，还很可能产生情感联系以及爱情、婚姻、家庭关系。正如美国人本

---

[1] 马克思恩格斯文集：第4卷[M]. 北京：人民出版社，2009：287.

主义心理学家马斯洛的研究发现,人不仅仅需要衣食住行,而且还有性的生理需要、安全需要、爱的归属需要、尊重的需要以及自我实现的需要等。从古至今,人在情感、性、婚姻、家庭等方面的需要是客观存在的。马克思恩格斯并不是不要爱情、婚姻和家庭的禁欲主义者,恰恰相反,他们对爱情、婚姻和家庭的价值非常重视。他们反对资本主义社会以及前资本主义社会庸俗的、以利益为中心的爱情、婚姻、家庭关系,深刻地揭示了真正幸福的爱情、婚姻、家庭的本质和发展规律,也揭示了两性在婚姻家庭中的独特情感联系和满足彼此性与情感需要的同一性。

(一) 马克思恩格斯的爱情观

如果把马克思仅看成理性的、伟大的革命导师,而忽视了他丰富的、真挚的、炽热的情感,那就大错特错了。我们不妨来读一读马克思写给燕妮的一首首滚烫的爱之诗歌。在《两重天》中,马克思这样写道:"无论是古代或者当今,都闪烁着两个字——爱情,这火光点燃了我的心,只有你啊,燕妮,我明了你的心。……你刚一走过我的身旁,给我带来丰富的感情。我的心刚一为你神往,天空就在我面前开朗,我胸中是火,眼底放光,比什么黑暗势力都强。"① 在这里,马克思深深感受到了爱情带来的那种前所未有的光明和无比强大的力量。在《思念》中,马克思表达了对燕妮无比深沉的思念之情:"思念无穷无尽永无止境,象(像)上帝亲自塑造的一样,你留给我的形象,我永远无限向往。你就是思念的化身,

---

① 马克思恩格斯全集:第40卷 [M]. 北京:人民出版社,1982:400.

思念两字犹未能表达深情，可以说它象（像）一团火，永远不断燃烧我激荡的心。"马克思写给燕妮的信也生动地表达了他对燕妮的挚爱，"只要我们一为空间所分隔，我就立即明白，时间之于我的爱情正如阳光雨露之于植物——使其滋长。我对你的爱情，只要你远离我身边，就会显出它的本来面目，象（像）巨人一样的面目。在这爱情上集中了我的所有精力和全部感情。"①爱情是人类永恒的美丽诗歌，马克思和燕妮抛弃世俗的荣华富贵，以人类解放的崇高理想连成一体，情投意合、志同道合、相濡以沫、忠贞不渝，是人类那些美好的爱情故事中最感人的爱情故事之一。

恩格斯在论述家庭、婚姻时曾经说过："只有以爱情为基础的婚姻才是合乎道德的，那么也只有继续保持爱情的婚姻才合乎道德。"②他是一位知行合一的伟大的革命家，他的爱情生活完全体现了这一点。以他的家庭背景和文化水平，他完全可以物色一个"门当户对"的资产阶级家庭的小姐。可是，恩格斯并没有这样做。他把爱情献给了一位目不识丁、一贫如洗的纺织姑娘玛丽，共同度过了他们的美好青春。正如马克思在给恩格斯的信中所说："你在玛丽那里有个家，在那里你感到很自在，而且在那里只要你愿意，总是可以避开人世间的一切肮脏事。"③1863年1月6日，玛丽因病突然去世，恩格斯沉浸在无限悲痛之中。他给马克思的信中写道："我无法向你说出我现在的心情。这个可怜的姑娘是以她的整个心灵爱着

---

① 马克思恩格斯全集：第29卷［M］．北京：人民出版社，1972：512．
② 马克思恩格斯文集：第4卷［M］．北京：人民出版社，2009：96．
③ 马克思恩格斯全集：第30卷［M］．北京：人民出版社，1974：310．

我的。"① 玛丽去世之后，妹妹莉希成了恩格斯的第二位夫人。莉希有着强烈的阶级意识和爱国热忱。恩格斯无比自豪地称赞道："我的妻子是一个具有革命信念的爱尔兰人。"② 莉希逝世之后，恩格斯在怀念莉希的一封信中写道："我的妻子也是一个地地道道的血统的爱尔兰无产者，她对本阶级的天赋的热爱，对我是无比珍贵的，在关键时刻，这种感情给我的支持，比起'有教养的''多愁善感的'资产阶级小姐的细腻和小聪明可能给予的总要多些。"③ 恩格斯对莉希的深厚感情跃然纸上。恩格斯不看重经济利益和阶级地位，追求纯洁美好的爱情，忠实于自己的爱情理想，是人类追求真爱的榜样。

马克思恩格斯基于对人类爱情现象的观察分析和自身对爱情关系的实践感悟，阐述了对爱情问题的精辟、深刻的见解，形成了马克思恩格斯爱情观。

第一，爱情的本质是表现人的生命或人的本质力量的一种特殊的社会关系。

在《1844年经济学哲学手稿》中，马克思这样写道："如果你在恋爱，但没有引起对方的反应，也就是说，如果你的爱作为爱没有引起对方的爱，如果你作为恋爱者通过你的生命表现没有使你成为被爱的人，那么你的爱就是无力的，就是不幸。"④ 在给燕妮的信中，马克思谈道："在这爱情上集中了我的所有精力和全部感情。我又一次感到自己是一个真正的人，因为我感到了一种强烈的热

---

① 马克思恩格斯全集：第30卷 [M]．北京：人民出版社，1974：308．
② 马克思恩格斯全集：第33卷 [M]．北京：人民出版社，1973：171．
③ 马克思恩格斯全集：第38卷 [M]．北京：人民出版社，1972：299．
④ 马克思恩格斯文集：第1卷 [M]．北京：人民出版社，2009：247-248．

情。"① 这两段表述不仅揭示爱情是两情相悦、互相爱慕的情感，而且揭示了真正的爱情才能使一个人成为真正意义上的人，有强烈的热情的人。爱情对于恋爱者而言，本质是恋爱者的生命表现，如果恋爱获得了恋爱对象的回应，引起了对方的爱，说明这位恋爱者的生命表现是被认同的、是有力的、是美好的存在。也可以说，不能追求爱情和拥有爱情，说明人的生命表现是无力的和残缺的。在《神圣家族》中，马克思恩格斯批判资产阶级唯物论者和缺乏人性的理性唯心论者，反对那些希望减少爱情中的情欲力量的人，指出："爱情第一次真正地教人相信自己身外的实物世界，它不仅把人变成对象，甚至把对象变成了人！"从这些基本观点出发，阐明人类的存在是需要恋爱和爱情的。在现代社会很多低欲望青年群体中盛行的所谓独身主义或者是对追求不到真爱的逃避，或者是一种悲观厌世的人生观。人类对真爱的追寻犹如对真理的探索，都是人的本质力量的充分展现。

第二，真正的爱情是超越金钱和世俗观念的，是以两情相悦、志同道合为基础的情感联系。

一方面，爱情不是权衡利害的利益关系，也不是出于门当户对的世俗观念。恩格斯在《家庭、私有制和国家的起源》中曾经推想，在消灭了资本主义制度的新一代人中，"男子一生中将永远不会用金钱或其他社会权力手段去买得妇女的献身；而这一代妇女除了真正的爱情以外，也永远不会再出于其他某种考虑而委身于男子，或者

---

① 马克思恩格斯全集：第29卷 [M]. 北京：人民出版社，1972：515.

由于担心经济后果而拒绝委身于她所爱的男子。"① 另一方面，以纯洁的性爱为基础的、相互爱慕的、平等的、自由的情感才是真爱。恩格斯认为，"性爱常常达到这样强烈和持久的程度，如果不能结合而彼此分离，对双方来说即使不是一个最大的不幸，也是一个大不幸；为了能彼此结合，双方甘冒很大的危险，直至拿生命孤注一掷，"② 因此，未来"共产主义社会制度将使两性关系成为仅仅和当事人有关而社会无须干预的纯粹私人关系"③。在恩格斯看来，爱情是评价性关系的道德标准，没有爱情的性关系就仅是厄洛斯"情欲"的产物。性爱是爱情发生的强烈的驱动力，但现代文明的性爱与古代人的情欲的区别是前者是以互爱为前提的、有新的道德标准的性关系。爱情是从古至今人类美好的情感，也是两性之间满足性的需要和互爱的情感需要的重要形式。爱情是男女两性之间超越利益关系的特殊的情感联系，体现了两性之间相互依存、相互欣赏、相互奉献、相亲相爱、相濡以沫的和谐共生关系。真正相爱的两性才有可能真正实现平等尊重、和谐共生的幸福生活。当然男女之间的爱情不排除生理需要的因素，但更重要的是，相爱的双方，志同道合，有共同的政治基础、思想基础和道德基础。正如黑格尔所说："爱情确实有一种高尚的品质，因为它不只停留在性欲上。而是显出一种本身丰富的高尚优美的心灵。要求以生动活泼、勇敢和牺牲的精神和另一个人达到统一。"马克思和燕妮就是人类爱情史上两情相悦、志同道合的典范。

---

① 马克思恩格斯文集：第4卷 [M]. 北京：人民出版社，2009：96－97.
② 同①，第90－91页.
③ 马克思恩格斯文集：第1卷 [M]. 北京：人民出版社，2009：689－690.

第三，真正的爱情必然能经受住很多考验。

莎士比亚曾说："真实爱情的途径并不平坦。"马克思在《资本论》中引用了莎士比亚的这个观点来生动地描绘商品和货币的关系，他说："我们看到，商品爱货币，但是'真爱情的道路绝不是平坦的'。"① 人世间的爱情往往会面临现实的考验，只有经受住各种考验的爱情才是真正的爱情。马克思和燕妮的爱情就经受了长期考验，最终有情人终成眷属。马克思在给阿尔诺德·卢格的信里是这样描绘他们的爱情经历的。"我订婚已经七年多，我的未婚妻为了我而进行了极其激烈的、几乎损害了她的健康的斗争，一方面是反抗她的虔诚主义的贵族亲属，这些人把'天上的君主'和'柏林的君主'同样看成是崇拜的对象，一方面是反抗我自己的家庭，那里盘踞着几个牧师和我的其他敌人。因此，多年来我和我的未婚妻经历过许多不必要的严重冲突，这些冲突比许多年龄大两倍而且经常谈论自己的'生活经验'的人所经历的还要多。"② 马克思用自己的亲身经历说明了爱情的道路是曲折的，真正的爱情是要经受长期考验的。从马克思和燕妮的爱情生活中不难看出，爱情要经得住考验首要的一条，即男女双方必须忠诚专一、互相体谅和帮助，具有自我牺牲精神，求得政治理想、生活目标的一致。所以爱情不仅是一种单纯的热烈的情感，而且还要共同承担社会责任和革命理想。把恋爱变成唯美的、浪漫的、不切实际的思想倾向蕴含着招致失败和裂痕的可能性，恋爱很可能会遇到种种不曾想到的艰辛和阻碍，应当有足

---

① 马克思恩格斯文集：第5卷[M]. 北京：人民出版社，2009：129.
② 熊复. 马克思 恩格斯 列宁 斯大林 论恋爱、婚姻和家庭[M]. 北京：红旗出版社，1982：7.

够的思想准备。而且，决定恋爱对象时不看对方的政治思想和道德品质，单纯以貌取人或以财取人，通常是经受不住考验的，会造成爱情的悲剧。

（二）马克思恩格斯的婚姻观

马克思恩格斯的婚姻观是在批判资本主义婚姻观基础上的以爱情为基础的平等婚姻观。

在早期发表的《论离婚法草案》中，马克思强调立法者要尊重婚姻、承认婚姻的深刻的合乎伦理的本质，而且已婚者的任性应该服从婚姻的本质。马克思认为："法院判决的离婚只能是婚姻内部崩溃的记录。"[①] 在马克思看来，夫妻感情是婚姻关系的纽带，法律形式是婚姻的外壳，法律为维持和发展伦理关系提供必要的条件。如果夫妻感情完全破裂，夫妻伦理关系中断，在这种特殊情况下，离婚是正常的。但同时马克思竭力反对抱着幸福主义、只想到个人幸福的草率任性的离婚。透过马克思的整体论述可以发现，马克思希望缔结夫妻婚姻关系的人应努力使婚姻成为牢固的关系。

恩格斯在《共产主义原理》中指出，"公妻制完全是资产阶级社会特有的现象，现在的卖淫就是这种公妻制的充分表现。卖淫是以私有制为基础的，它将随着私有制的消失而消失。因此，共产主义组织并不实行公妻制，正好相反，它要消灭公妻制。"[②] 共产主义社会并不实行公妻制这种落后的婚姻关系、社会关系。恩格斯在

[①] 中华人民共和国全国妇女联合会. 马克思 恩格斯 列宁 斯大林 论妇女 [M]. 北京：中国妇女出版社，1978：4.

[②] 马克思恩格斯文集：第1卷 [M]. 北京：人民出版社，2009：690.

《家庭、私有制和国家的起源》中指出,在阶级社会里,"婚姻都是由当事人的阶级地位来决定的,因此总是权衡利害的婚姻。"① 这种婚姻并不能给人带来幸福。"如果说只有以爱情为基础的婚姻才是合乎道德的,那么也只有继续保持爱情的婚姻才合乎道德。不过,个人性爱的持久性在各个不同的个人中间,尤其在男子中间,是很不相同的,如果感情确实已经消失或者已经被新的热烈的爱情所排挤,那就会使离婚无论对于双方或对于社会都成为幸事。这只会使人们省得陷入离婚诉讼的无益的泥污中。"② 恩格斯认为只有以爱情为基础的婚姻才是合乎道德的婚姻,如果婚姻中的爱情消失了,离婚也是合乎情理的。

总之,在马克思恩格斯看来,真正的合乎本质的、幸福的婚姻一定是以爱情为基础的婚姻。恩格斯曾经指出:"只有在被压迫阶级中间,而在今天就是在无产阶级中间,性爱才成为而且也才可能成为对妇女的关系的常规。"③ "当事人双方的相互爱慕应当高于其他一切而成为婚姻基础的事情,在统治阶级的实践中是自古以来都没有的。至多只是在浪漫故事中,或者在不受重视的被压迫阶级中,才有这样的事情。"④ 无产阶级的婚姻将彻底摆脱最卑下的利益、最鄙俗的贪欲的支配,成为真正意义上的婚姻,真正实现爱情与婚姻家庭的统一。"结婚的充分自由,只有在消灭了资本主义生产和它所造成的财产关系,从而把今日对选择配偶还有巨大影响的一切附加

---

① 马克思恩格斯文集:第4卷[M].北京:人民出版社,2009:84.
② 同①,第96页.
③ 同①,第85页.
④ 同①,第93页.

的经济考虑消除以后，才能普遍实现。到那时，除了相互的爱慕以外，就再也不会有别的动机了。"① "这一代男子一生中将永远不会用金钱或其他权力手段去买得妇女的献身；而这一代妇女除了真正的爱情以外，也永远不会再出于其他某种考虑而委身于男子，或者由于担心经济后果而拒绝委身于她所爱的男子。"② 马克思恩格斯本人的婚姻也恰恰是以爱情为基础的婚姻，是摆脱了利益和贪欲支配的、给人以温暖和幸福的婚姻。

（三）马克思恩格斯的家庭观

马克思恩格斯的家庭观是在批判资产阶级家庭观的基础上展望共产主义社会家庭。马克思恩格斯在《德意志意识形态》中指出："一开始就进入历史发展过程的第三种关系是：每日都在重新生产自己生命的人们开始生产另外一些人，即繁殖。这就是夫妻之间的关系，父母和子女之间的关系，也就是家庭。"③ 在马克思恩格斯看来，家庭是夫妻关系、父母与子女血缘关系的组合。他们在《共产党宣言》中尖锐地指出："资产阶级撕下了罩在家庭关系上的温情脉脉的面纱，把这种关系变成了纯粹的金钱关系。"④ 家庭本来应该是家庭成员的情感港湾、心灵栖息之地，但资产阶级家庭成员之间的关系实质上却是金钱关系，所以，马克思恩格斯主张要消灭资产阶级家庭。他们从无产阶级家庭中看到未来家庭的发展前景，"无产者

---

① 马克思恩格斯文集：第4卷 [M]. 北京：人民出版社，2009：95.
② 同①，第96-97页.
③ 马克思恩格斯文集：第1卷 [M]. 北京：人民出版社，2009：532.
④ 马克思恩格斯文集：第2卷 [M]. 北京：人民出版社，2009：34.

是没有财产的;他们和妻子儿女的关系同资产阶级的家庭关系再没有任何共同之处了,"① 无产阶级家庭克服了金钱关系的影响,更具有家庭的真情和温情。马克思在《资本论》中提出一个重要的结论,即"由于大工业使妇女、男女少年和儿童在家庭范围以外,在社会地组织起来的生产过程中起着决定性的作用,它也就为家庭和两性关系的更高级的形式创造了新的经济基础。"② 根据前面对资产阶级家庭的批判,这里家庭和两性关系的更高级形式应当是平等的、真挚的两性关系。马克思认为现代的一夫一妻制家庭"还能更加改善,直到达到两性间的平等为止"③。在马克思恩格斯看来,婚姻家庭是两性在纯洁的爱情基础上的相对稳定的结合形式,婚姻家庭应当摆脱金钱造成的异化,回归以爱情、亲情为基础的婚姻家庭本质,在未来的共产主义社会中,两性依然会通过爱情、婚姻和家庭达到和谐共生的生存样态。

(四) 爱情、婚姻、家庭承担的社会责任

马克思恩格斯不仅认为人类需要爱情、婚姻、家庭,而且认为爱情、婚姻、家庭承担着不可推卸的社会责任。如在《论离婚法草案》中,马克思一方面承认在现代社会中的个人应当享有离婚的自由,另一方面强调婚姻关系到家庭和下一代,夫妻不能仅考虑个人的幸福主义就任性离婚。恩格斯在给路易莎·考茨基的信中严肃批评了卡尔·考茨基对待爱情不负责任、喜新厌旧、用情不专的行为,

---

① 马克思恩格斯文集:第 2 卷 [M]. 北京:人民出版社,2009:42.
② 马克思恩格斯文集:第 5 卷 [M]. 北京:人民出版社,2009:563.
③ 马克思. 摩尔根《古代社会》一书摘要 [M]. 北京:人民出版社,1965:45.

"关于卡尔（卡尔．考茨基），您说，没有爱情，没有激情，他的本性就会死亡。如果这种本性表现为每两年就要求新的爱情，那么他自己应当承认，在目前情况下，这种本性或者应当加以抑制，或者就使他和别人都陷在无止境的悲剧冲突之中。"① 在恩格斯看来，用情不专会使当事人和别人都遭受痛苦。在马克思恩格斯看来，爱情、婚姻、家庭还担负着繁殖后代和养育后代的社会责任。"每日都在重新生产自己生命的人们开始生产另外一些人，即繁殖。这就是夫妻之间的关系，父母和子女之间的关系，也就是家庭。"② 列宁在与克拉拉·蔡特金的谈话中也指出，"恋爱牵涉到两个人的生活，并且会产生第三个生命，一个新的生命。这才使恋爱具有社会关系，并产生对社会的责任。"③ 列宁认为，男女双方恋爱并且产生爱情的结晶，即新生命，意味着恋爱具有社会属性，要承担社会责任。能够承担责任，能够为了对方的幸福和家庭成员的幸福作出自我牺牲，这样的爱情才是真正的爱情。在当代青年中，盛行一种很新潮的看法：恋爱归恋爱，结婚归结婚。这种看法隐藏的是利己主义、自由主义的思想观念。可以说，爱情、婚姻、家庭关系到人的生命的生产问题，即人类自身的种族繁衍问题，也就是关系到一个民族的生死存亡的重大问题。

总之，在马克思恩格斯看来，两性之间不仅是利益合作的关系，还是体现人的生命活动特征的情感关系。"两性关系与其他社会关系

---

① 熊复．马克思　恩格斯　列宁　斯大林　论恋爱、婚姻和家庭［M］．北京：红旗出版社，1982：16.
② 马克思恩格斯文集：第1卷［M］．北京：人民出版社，2009：532.
③ 同①，第14页．

不同，它除了具有用权力、资源来衡量的社会性外，还具有用爱情和婚姻来表达的情感性，而且在一定程度上，后者可以化解前者所带来的对立和冲突。"① 随着人类发展到"以物的依赖性为基础的人的独立性"的历史阶段，人被物化、异化的现象也发展到极致，人更需要物而不是需要人，两性都在物的基础上各自追求人的独立性，两性之间越来越难以建立情感联系。如果爱情、婚姻、家庭在人类社会消失，那恐怕也就意味着人类社会已经走到了历史的尽头。所以，当代社会应注重研究马克思恩格斯的爱情观、婚姻观、家庭观，关注两性之间的情感关系问题。

四、两性在人类解放的历史进程中携手共进

一些西方女性主义者指责马克思恩格斯是"性别盲"，认为马克思恩格斯忽视了性别压迫问题。其实，这是对马克思恩格斯最大的误解之一。恩格斯在《家庭、私有制和国家的起源》中明确提出了男性对女性的性别压迫问题，而且认为这种压迫几乎是和阶级压迫同时产生的。既然如此，为什么西方女性主义者还是指责马克思恩格斯是"性别盲"呢？这大概是由于马克思恩格斯没有花费很多的精力和笔墨去批判男权/父权制度造成的性别压迫。马克思恩格斯为什么没有这样去批判性别压迫呢？

其一，马克思恩格斯的生命活动的特点。马克思恩格斯作为男性，虽然他们并不能很深刻地、真切地体验到妇女遭受的痛苦，但

---

① 胡晓红. 两性和谐的哲学理解 [J]. 妇女研究论丛，2005（1）：9–13.

他们敏锐地察觉到妇女问题的存在，十分关心广大妇女的命运。如马克思在《临时中央委员会就若干问题给代表的指示》中就提出，"必须绝对禁止妇女从事任何夜工，也禁止她们从事对妇女较弱的身体有害的，以及可能使她们受到有毒物质及其他有害物质影响的各种劳动。"① 从这里可以看出革命导师对妇女的真切关怀。在家庭内部，马克思恩格斯都拥有最亲密的爱人，马克思还有几个可爱的孩子，他们在家庭生活中建立起民主、平等的家庭关系以及夫妻、父女之间的真挚情感。这些都表明，性别之间不仅可能存在一个性别对另一个性别的压迫，还可能存在性别之间民主平等、相亲相爱的关系，而且即便在存在性别压迫的同时，也不能全盘否认可能存在于两性之间的复杂的情感联系。如果一味地强调性别压迫，甚至为了论证性别压迫，而把两性之间的情感关系都描述为压迫关系，否认两性关系的复杂性、多元性，那其实是一种简单粗暴的二元对立的思维方式，很容易形成片面的观点和看法。因此，性别压迫理论要客观地解释性别不平等问题，同时为了合理地解决性别不平等问题还应当关注两性关系的其他方面特征。

其二，马克思恩格斯深刻地揭示了性别压迫制度的社会历史根源。在马克思恩格斯看来，性别压迫制度作为一种特殊的社会关系，其根本上是由一定历史阶段的生产力所决定的生产关系决定的。也就是说，父权制社会也不是由男性的意志来决定的，而是由生产力的发展水平决定的。父权制社会不仅使女性受到压迫，也使男性受这种不合理性别制度的支配和控制，男性并非实现了自由意志和自

---

① 马克思恩格斯全集：第16卷 [M]. 北京：人民出版社，1964：216.

由发展。这种制度不仅造成被压迫者的异化,也反映了压迫者的异化和社会的腐朽。随着社会生产力的发展,性别压迫制度将会被无情地摧毁,性别平等制度势必会取而代之。所以,在马克思恩格斯看来,男人并非天生的压迫者,男女并未天生的仇敌,而是不合理的社会制度造成了男女两性之间的矛盾和对立。马克思认为:"生产者阶级的解放是不分性别和种族的全人类的解放。"① 未来共产主义社会将是"一个更高级的、以每一个个人的全面而自由的发展为基本原则的社会形式"②。所以,马克思恩格斯主张的妇女解放并不是妇女站到男性的对立面与男性决裂或做殊死斗争,而是男女作为推动人类解放的盟友、同盟军,携手共进,共同推翻"使人成为被侮辱、被奴役、被遗弃和被蔑视的东西的一切关系"③。

其三,马克思恩格斯始终坚持的是人类解放和人的自由全面发展。马克思恩格斯从现代工业的发展中看到了人类解放的历史趋势。在《共产党宣言》中,马克思恩格斯掷地有声地宣告,"代替那存在着阶级和阶级对立的资产阶级旧社会的,将是这样一个联合体,在那里,每个人的自由发展是一切人的自由发展的条件。"④ 马克思主义的根本内容,就是关于"人类历史的发展规律";马克思主义的理论宗旨,则是"使现代无产阶级意识到自身的地位和需要,意识到自身解放的条件"⑤。妇女解放、民族解放、宗教解放、种族解放归根结底都在于消灭私有制、建立公有制的共产主义社会。为此,

---

① 马克思恩格斯文集:第3卷 [M]. 北京:人民出版社,2009:568.
② 马克思恩格斯文集:第5卷 [M]. 北京:人民出版社,2009:683.
③ 马克思恩格斯文集:第1卷 [M]. 北京:人民出版社,2009:11.
④ 马克思恩格斯文集:第2卷 [M]. 北京:人民出版社,2009:53.
⑤ 同①,第602页。

妇女与男性是解放的盟友、同盟军，性别压迫在这个革命斗争的过程中必然会得到解决，妇女解放最终会伴随着人类解放的实现而实现。

其四，马克思恩格斯认为妇女群体中蕴含着强大的革命力量。1868年12月12日，马克思在致路德维希·库格曼的信中写道："每个了解一点历史的人也都知道，没有妇女的酵素就不可能有伟大的社会变革。社会的进步可以用女性（丑的也包括在内）的社会地位来精确地衡量。"① 马克思从历史的角度揭示了妇女对伟大社会变革的重要意义。在《法兰西内战》中，马克思讴歌了巴黎妇女英勇无畏的革命精神，"真正的巴黎妇女又出现在最前列，她们像古典古代的妇女那样具有英勇、高尚和献身的精神。"② 在1871年的巴黎公社运动中，妇女和男人一道表现出视死如归、自我牺牲的英勇气概，令马克思感到震撼。1877年7月31日，恩格斯在致娜塔莉亚·李卜克内西的信中说道："幸而我们德国的妇女们并没有因此而惶惑不安，她们以实际行动证明，尽人皆知的女性的多愁善感只不过是资产阶级妇女所具有的阶级痼疾。"③ 在恩格斯看来，德国的无产阶级妇女具有勇敢无畏的崇高的革命斗争精神。被压迫阶级的妇女既具有强烈的革命需要，又是推动革命的重要力量。所以，妇女完全可以成为无产阶级革命的重要力量，推动无产阶级革命浩浩荡荡的革命潮流，去毫不留情地推翻旧社会，建立新社会。

---

① 马克思恩格斯文集：第10卷 [M]．北京：人民出版社，2009：299．
② 马克思恩格斯文集：第3卷 [M]．北京：人民出版社，2009：165．
③ 中华人民共和国全国妇女联合会．马克思　恩格斯　列宁　斯大林　论妇女[M]．北京：中国妇女出版社，1978：71．

其五，马克思恩格斯非常重视人类联合的革命力量。他们之所以认为无产阶级能够完成终结阶级社会和阶级斗争的历史使命，就是因为无产阶级相比其他被剥削阶级而言，不仅代表先进生产力，而且人数多又集中，便于组织起来开展革命运动。他们认为无产阶级最初大规模的联合并不是他们自身联合的结果，而是资产阶级联合的产物，这种联合与为保卫或者增加工资而进行的联合都还是虚假联合，并不是自由自觉的联合。只有当"现代无产阶级意识到自身的地位和需要，意识到自身解放的条件"①的时候，当他们认识到"无产者在这个革命中失去的只是锁链，他们获得的将是整个世界"②的时候，他们的联合才是真正的联合，是实现"自由联合体"的联合。"全世界无产者，联合起来"③成为号召革命的最强音。男女两性之间的团结和联合也是世界无产阶级联合的必然要求，社会主义革命的实践充分证明了两性之间联合斗争的伟大意义。毛泽东就曾断言："全国妇女起来之日，就是中国革命胜利之时。"④中国革命的胜利就是两性联合斗争取得伟大历史成就的典范。

综上所述，马克思恩格斯认为，男女两性之间存在相互依存、相互合作、相互需要的同一性，并揭示了两性之间同一性的重要性。如果只看到两性矛盾的斗争性的一面，夸大男女的差异和对立，而看不到两性之间在一定条件下的同一性，就只会造成男女两性之间的矛盾冲突或加剧男女两性之间的矛盾冲突。在尊重两性之间绝对

---

① 马克思恩格斯文集：第3卷［M］．北京：人民出版社，2009：602．
② 马克思恩格斯文集：第2卷［M］．北京：人民出版社，2009：66．
③ 同②．
④ 中华全国妇女联合会．毛泽东 周恩来 刘少奇 朱德 论妇女解放［M］．北京：人民出版社，1988：44．

的、无条件的斗争性的前提下,更应该注重研究两性如何构建同一性,如何建立和谐尊重的两性关系。两性和谐有利于人类文明进步,有利于和谐社会、和谐世界的构建。"两性和谐一直是人类社会向着本真状态和理想状态发展的永恒追求。"①

相比之下,西方女性主义对两性关系的辩证统一性的研究和阐述方面显然是非常不足的。西方女性主义虽然流派众多、莫衷一是,但它们在对待两性关系问题上却具有内在的共同前提和共同目标。共同前提就是一致认为女性在全世界范围内是一个受压迫、受歧视的等级,共同目标是在全人类实现男女平等。西方女性主义对唤醒妇女的主体意识,推动女性解放和男女平等起到了显著的促进作用。但是,纵观西方女性主义的各个流派,我们会发现它们极少论及两性的同一性,它们把绝大部分的精力集中在批判男权社会和争取男女平等上,这实质上是片面地看待两性关系,只见对立不见统一,只看到两性之间的矛盾对立而忽视了两性之间合作、相爱、共同解放的可能性和同一性。这对全面地看待两性关系问题是一种思想上的障碍。我们认为,马克思恩格斯辩证统一的两性关系思想才是指导人类解决两性关系问题的科学理论。我们既要正视两性之间的矛盾冲突,努力解决各种矛盾冲突,又要重视两性之间的辩证统一,努力构建两性的同一性和建立和谐尊重的两性关系。从最初的女性对男性的统治,到男性对女性的统治,再到男女平等,人类社会两性关系发展的客观趋势必然是男女和解、性别平等和两性和谐共生。

---

① 胡晓红. 两性和谐的哲学理解 [J]. 妇女研究论丛,2005 (1):9-13.

第三章　两性的对立冲突及其社会历史根源

马克思恩格斯基于唯物辩证法的视角，既深刻地阐明了两性的辩证统一性，又客观地分析了两性之间的对立冲突及其社会历史根源，为全面地、深入地揭示两性关系的本质和运动变化规律奠定了理论基础。

一、两性的对立冲突

马克思主义唯物辩证法的实质和核心是对立统一规律。对立统一规律揭示了事物普遍联系的根本内容和事物变化发展的内在动力，从根本上回答了事物为什么会发展、发展的形态、发展的前途等问题。对立和统一分别体现了矛盾的两种基本属性，矛盾的对立属性又称斗争性，矛盾的统一属性又称同一性。对立统一规律是马克思主义教给我们认识世界和改造世界的最根本的方法。从唯物辩证法来说，认识世界，就是认识事物的矛盾；改造世界，就是解决事物的矛盾。毛泽东同志在《矛盾论》一文中曾说："这个辩证法的宇宙观，主要地就是教导人们要善于去观察和分析各种事物的矛盾的运动，并根据这种分析，指出解决矛盾的方法。"①

马克思恩格斯在认识和揭示两性关系的实质的时候，始终坚持唯物辩证法，客观地揭示了两性关系的辩证统一性和对立斗争性。世界上的人分男女，男女共同构成人类。男女两性的对立统一和万事万物的对立统一是一致的，体现了事物的矛盾规律。两性之间的同一性和斗争性是相互联结、相辅相成的，没有斗争性就没有同一性，没有同一性也就没有斗争性，斗争性寓于同一性之中，同一性通过斗争性来体现。两性之间的同一性是有条件的、相对的，两性之间的斗争性是无条件的、绝对的。两性之间的同一性和斗争性相结合，才构成了两性之间的矛盾运动，推动着两性关系的变化发展，从女性统治，到男性统治，再到男女平等、两性和谐共生。

马克思恩格斯关于两性辩证统一性的认识前面已经进行了概述。两性的对立斗争性主要表现在两性之间的互相排斥、互相对立、互相冲突、互相斗争、互相分离的性质和趋势。两性之间的矛盾由于矛盾的性质不同，往往又分为对抗性矛盾和非对抗性矛盾，不同性质的矛盾要求采取不同性质的解决方式。如有一些是性格和习惯的差异，应该采取求同存异的解决方式；又有一些是根本利益的冲突，如男性对女性的压迫，就必须采取推翻男权统治的解决方式。矛盾的斗争性是无条件的、绝对的，两性之间的对立冲突贯穿整个人类的历史，过去存在，现在存在，将来也还会存在。我们能做的就是努力化解两性之间的对立冲突，促使两性和谐共生。

---

① 毛泽东选集：第1卷 [M]．北京：人民出版社，1991：304．

二、两性对立冲突的历史演变

马克思恩格斯在研究两性关系的时候,不仅坚持唯物辩证法,而且坚持唯物史观。他们从历史发展和资本主义的现实出发,客观地揭露两性的对立冲突和异化发展以及妇女在历史发展进程中受到的残酷压迫和无情欺凌。

(一) 原始社会基于自然分工的、非对抗性的两性关系

马克思恩格斯通过研究巴霍芬、麦克伦南、摩尔根等关于古代人类的研究成果,运用唯物史观的基本原理科学地阐明了人类社会早期发展的历史。原始社会的人类曾经盛行毫无限制的、杂乱的性关系,而生产方式和交换方式的变革推动了两性关系和婚姻家庭形式的演变。血缘家庭、普那路亚家庭虽然还是群婚制,但比杂乱性关系进步,反映了人类自身进化的客观必然性。第三种家庭形式是对偶制家庭,已经初具一夫一妻制家庭的形式,但男女两性之间还只是暂时松散地结合的配偶。第四种家庭形式就是从对偶制家庭中产生的专偶制家庭,也即一夫一妻制家庭,也称为个体婚制。恩格斯认为,群婚对应着蒙昧时代,对偶婚制对应着野蛮时代,个体婚制对应着文明时代。人类家庭婚姻的发展经过漫长的时期才确立起一夫一妻制家庭。群婚和对偶婚时期,"性的共有制是对两性而存在的,"[①] 两性在性的关系上是比较平等的。

---

① 马克思恩格斯全集:第35卷 [M]. 北京:人民出版社,1971:449.

恩格斯指出，"那种认为妇女在最初的社会里曾经是男子的奴隶的意见，是 18 世纪启蒙时代所留传下来的最荒谬的观念之一。在一切蒙昧人中，在一切处于野蛮时代低级阶段、中级阶段、部分地还有处于高级阶段的野蛮人中，妇女不仅居于自由的地位，而且居于受到高度尊敬的地位。"[1] 这主要是由于在共产制家户经济的生产方式中，妇女以其自身对物质生活资料生产的突出贡献奠定了妇女在家内的统治，以及群婚制下只能确定生身母亲决定了对母亲的高度尊敬。在人类社会早期历史的发展中，两性的对立冲突主要体现在"高度的尊敬和威望上升到了完全的妇女统治"[2]。但这种建立在原始公有制基础上的妇女统治整体上是比较温和的，并不表明当时男性的地位是很低下的，是依附的，是受到女性奴役的，两性之间的对立冲突主要是非对抗性矛盾。因为没有私有财产，没有阶级对立，也就谈不上存在真正的统治和奴役。

（二）阶级社会性别压迫和两性对立的整体状况

社会生产力的发展、分工、私有制和阶级社会的出现，使两性之间的对立冲突演化为对抗性的对立冲突，主要表现为男性对女性的统治、奴役、压迫和欺凌。恩格斯在《家庭、私有制和国家的起源》中对男女两性社会地位的历史性变化进行了回溯，对男性压迫女性的两性冲突进行了大量的客观描述。

恩格斯认为，妇女地位的衰落主要经历了两次大的历史变迁。

---

[1] 马克思恩格斯文集：第 4 卷 [M]. 北京：人民出版社，2009：60.
[2] 同[1]，第 20 页.

第一次是父权制推翻母权制,"母权制被推翻,乃是女性的具有世界历史意义的失败。丈夫在家中也掌握了权柄,而妻子则被贬低,被奴役,变成丈夫淫欲的奴隶,变成单纯的生孩子的工具了。妇女的这种被贬低了的地位,在英雄时代,尤其是古典时代的希腊人中间,表现得特别露骨,虽然它逐渐被粉饰伪装起来,有些地方还披上了较温和的外衣,但是丝毫也没有消除。"①

第二次是分工制、私有制的进一步发展引起了阶级社会和国家的出现,婚姻家庭走向一夫一妻制的个体婚制家庭。恩格斯认为,男女两性相互的社会地位的历史性变化主要是由于物质资料生产的变化引起的。生产力的发展引起分工制和私有制的出现,而私有财产的差异、分工交换、对他人劳动力支配的可能性使阶级对立的基本因素形成,由此产生了阶级社会和为缓和阶级矛盾而产生的国家。在这个历史变革的进程中,男性由于掌握了生产资料和物质财富从而牢牢掌握了统治权。婚姻和家庭在经济基础变革的基础上也发生了根本性的变化,由对偶婚演化出一夫一妻的个体婚制家庭。恩格斯认为,个体婚制不但不是男女和好的标志,相反,是作为女性被男性奴役、两性前所未有的冲突而出现的。"在历史上出现的最初的阶级对立,是同个体婚制下夫妻间的对抗的发展同时发生的,而最初的阶级压迫是同男性对女性的压迫同时发生的。"② 人类社会的两大压迫即阶级压迫和性别压迫,就这样随着生产力的发展,相互交织着开辟了一条阶级不平等、性别不平等的历史发展之路,一直延

---

① 马克思恩格斯文集:第4卷 [M]. 北京:人民出版社,2009:68-69.
② 同①,第78页.

第三章 两性的对立冲突及其社会历史根源

续至今。这条道路使一些人能够通过剥削和压迫另外一些人实现自身的幸福和发展。妇女则不幸地成为阶级压迫和性别压迫交织而成的双重社会压迫的受害者，成为最初的奴隶，被禁锢在家庭的狭小天地，不能作为人得到发展和实现人的本质力量。妇女甚至成为男性的淫欲的俘获物，受尽男性的欺凌和侮辱。

总之，进入阶级社会以来，两性之间的对立冲突变得更加复杂，不仅存在非对抗性的矛盾，而且存在根本利益对立的对抗性矛盾，其中妇女受奴役、受压迫、受侮辱，是两性之间对立冲突的最主要的矛盾。马克思恩格斯在多篇著作中主要从四个方面对性别压迫进行了非常详尽的论述。

第一，男性占有财产，女性参加财产的享用，但在财产中没有她们的份额。

随着畜牧业、农业、家庭手工业的生产的增加，一方面使人的劳动力能够生产出超过维持劳动力所必需的物质产品，另一方面使谋取生活资料成为男子的事情，而且男子制造谋取生活资料的工具，并驯养和照管畜群，因此，这些工具和畜群都是属于他们的，包括用牲畜交换来的商品和奴隶以及战争胜利俘获的奴隶等，都是属于他们的。总之，男子占有了生产资料和生活资料，妇女参加物质财富的享用，但并不占有物质财富。甚至，男性把自己的妻子女儿看做单纯的生产工具，所以，当他们听说共产主义社会生产工具将要公共使用，他们就不由自主地联想到"公妻制"。所以，男子的统治地位从根本上讲是由经济基础决定的，妇女受压迫不是经济受压迫的原因而是它的结果。

第二，男女分工的不平等。

一方面，男性垄断生活资料和生产资料，将女性禁锢在家庭内生儿育女和料理家务；另一方面，父权制的社会不承认女性生儿育女和料理家务的贡献。两者相结合，既保证了男子在家庭和社会中的统治地位，又规定了女性在家庭和社会中的依附从属地位。恩格斯为此深感不平："从前保证妇女在家中占统治地位的同一原因——妇女只限于从事家务劳动，——现在却保证男子在家中占统治地位：妇女的家务劳动现在同男子谋取生活资料的劳动比较起来已经相形见绌；男子的劳动就是一切，妇女的劳动是无足轻重的附属品。"① 言外之意，家务劳动应当同谋取生活资料的劳动一样是社会发展必需的，是极其重要的。只不过在阶级社会，在不合理的社会制度下，家务劳动才变得无足轻重、一文不值。恩格斯认为，妇女不应当被排除于社会的生产劳动之外。妇女被排除于社会的生产劳动之外，只限于从事家庭的私人劳动，是造成男女不平等的重要原因。

第三，婚姻家庭关系的不公平。

马克思恩格斯在《德意志意识形态》中指出：所有制"它的萌芽和最初形式在家庭中已经出现，在那里妻子和儿女是丈夫的奴隶。家庭中这种诚然还非常原始和隐蔽的奴隶制，是最初的所有制……所有制是对他人劳动力的支配"。② 家庭的奴役制是最初的奴役制，妇女是最先成为奴隶的人。

恩格斯在《家庭、私有制和国家的起源》揭露了阶级社会的婚姻实质上总是权衡利害的婚姻。"这种权衡利害的婚姻，在这两种场

---

① 马克思恩格斯文集：第4卷 [M]. 北京：人民出版社，2009：181.
② 马克思恩格斯文集：第1卷 [M]. 北京：人民出版社，2009：536.

合都往往变为最粗鄙的卖淫——有时是双方,而更常见的是妻子。妻子和普通娼妓的不同之处,只在于她不是像雇佣女工做计件工作那样出租自己的身体,而是把身体一次永远出卖为奴隶。"① 恩格斯还分析了私有制如何引起家庭形式的演变进而引起妇女地位的演变。

一方面,恩格斯认为,经济生活条件的发展使古代遗传下来的两性间的关系逐渐失去素朴的原始的性质,在这种历史条件下,妇女迫切地要求取得保持贞操、暂时地或长久地只同一个男子结婚的权利,由此推动了群婚向对偶婚的过渡。"这个进步绝不可能由男子首创,这至少是因为男子从来不会想到甚至直到今天也不会想到要放弃事实上的群婚的便利。只有在由妇女实现了向对偶婚的过渡以后,男子才能实行严格的专偶制——自然,这种专偶制只是对妇女而言的"②。

另一方面,由于私有财产的出现,男子成为私有财产的主要占有者,男子要求他的亲生子女继承他的财产,这就先使母权制社会向父权制社会转化,继而在父权制社会的基础上产生家长制家庭形式。"这种家庭形式表示着从对偶婚向专偶婚的过渡。为了保证妻子的贞操,从而保证子女出生自一定的父亲,妻子便落在丈夫的绝对权力之下了;即使打死了她,那也不过是行使他的权力罢了"③。在私有制和专偶婚基础上形成的专偶制家庭,"它是建立在丈夫的统治之上的,其明显的目的就是生育有确凿无疑的生父的子女;而确定这种生父之所以必要,是因为子女将来要以亲生的继承人的资格继

---

① 马克思恩格斯文集:第4卷 [M].北京:人民出版社,2009:84-85.
② 同①,第64页。
③ 同①,第70页。

承他们父亲的财产"①。这种专偶制家庭所谓的一夫一妻制，实质上是丈夫的统治，通常只有丈夫可以解除婚姻关系赶走妻子；一夫一妻制是对妻子的一夫制，而对丈夫的多妻制，"专偶制从一开始就具有了它的特殊的性质，使它成了只是对妇女而不是对男子的专偶制。"② 这种男人占有生产资料、压迫妇女的家庭结构一直延续到近代资本主义社会，"现代的个体家庭建立在公开的或隐蔽的妇女的家庭奴隶制上，而现代社会则是纯粹的以个体家庭为分子而构成的一个总体""在家庭中，丈夫是资产者，妻子则相当于无产阶级"③。

总之，恩格斯在《家庭、私有制和国家的起源》中用了大量的笔墨描绘妇女在阶级社会的家庭中遭受的父权或夫权的压迫，客观地揭示了妇女由于失去生产资料所有权在家庭中处于奴隶地位，男性的幸福与发展是以女性的痛苦与压抑为代价的。

第四，卖淫是特殊的性别压迫。

马克思恩格斯对文明时代的卖淫现象非常关注，认为卖淫现象极其鲜明地体现了对女性的压迫和侮辱。马克思一针见血地指出：男性把女性作为共同淫欲的虏获物和婢女，是人自身的无限的退化。

马克思恩格斯不仅义正词严地谴责卖淫现象是社会的黑暗面，而且深刻地揭示了卖淫现象产生的历史过程和社会历史根源。他们从历史发展的角度回顾了卖淫现象产生和发展的历史过程。恩格斯认为，"群婚制是与蒙昧时代相适应的，对偶婚制是与野蛮时代相适

---

① 马克思恩格斯文集：第4卷 [M]．北京：人民出版社，2009：73-74．
② 同①，第75页．
③ 同①，第87页．

应的,以通奸和卖淫为补充的专偶制是与文明时代相适应的。"① 古代社会留给文明时代的遗产是一分为二的:一方面是专偶制或一夫一妻制,另一方面是淫游制。淫游制最初是文明时代开启时候的宗教制度,是女庙奴或宗教舞女为宗教献身,通过与人发生性关系来获得金钱的制度。私有制和雇佣劳动出现之后,这种宗教性质的淫游制就转变为卖淫。在奴隶社会、封建社会时期,卖淫是公开存在的,玩弄女性成为有钱男子的特权。"难道我们没有看见,在现代世界专偶制和卖淫虽然是对立物,却是不可分离的对立物,是同一社会秩序的两极吗?能叫卖淫消失而不叫专偶制与它同归于尽吗?"②

马克思恩格斯赞同并引用傅立叶关于卖淫危害的基本结论,而且深切地同情被迫卖淫的女子。"侮辱女性既是文明的本质特征,也是野蛮的本质特征,区别只在于:野蛮以简单的形式所犯下的罪恶,文明都赋之以复杂的、暧昧的、两面性的、伪善的存在形式……对于使妇女限于奴隶状态这件事,男人自己比任何人都更应该受到惩罚。"③ 恩格斯观察到社会对待卖淫女和促使卖淫发生的男性的不公,他指出:"凡在妇女方面被认为是犯罪并且要引起严重的法律后果和社会后果的一切,对于男子却被认为是一种光荣,至多也不过被当做可以欣然接受的道德上的小污点。"④ 马克思恩格斯痛斥导致卖淫的私有制和不平等的社会秩序。

综上所述,性别压迫是人类社会不公正的突出体现,是私有制

---

① 马克思恩格斯文集:第4卷[M].北京:人民出版社,2009:88.
② 同①,第89-90页.
③ 马克思恩格斯全集:第2卷[M].北京:人民出版社,1957:250.
④ 同①,第88页.

和阶级压迫的随生物,给人类带来巨大的灾难。正如文化女性主义者伊丽加莱指出的:"我们的文明缺乏两种尊敬,表现为两种不公正:第一种赋予别人生命的女人被排除在男人的秩序之外,第二种是女人得不到与男人相同的地位,被排斥在文化之外,只能作为一个能生育的自然肉体而存在。"① 性别压迫是人类文明发展的代价,随着文明的进一步前进,性别压迫应当退出历史舞台。

(三)资本主义社会性别压迫和两性对立的特殊表现

人类历史进入资本主义时代,两性关系既沿袭了传统的对立冲突,又开始出现一些新变化。马克思恩格斯生活所处的资本主义时代,妇女普遍处于新旧双重压迫之下,成为命运最凄惨的被剥削、被压迫群体。

男性掌控的资本对女性的剥削和压迫是残酷无情的。马克思在《资本论》中揭露资本贪婪地剥削全体人民的本性:"就机器使肌肉力成为多余的东西来说,机器成了一种使用没有肌肉力或身体发育不成熟而四肢比较灵活的工人的手段。因此,资本主义使用机器的第一个口号是妇女劳动和儿童劳动!这样一来,这种代替劳动和工人的有力手段,就立即转化为这样一种手段,它使工人家庭全体成员不分男女老少都受资本的直接统治,从而使雇佣工人人数增加。"② 马克思恩格斯认为,在资本主义制度下,"对工人阶级来说,性别和年龄的差别再没有什么社会意义了。他们都只是劳动工具,

---

① 李银河. 女性主义 [M]. 济南:山东人民出版社,2005:80.
② 马克思恩格斯文集:第5卷 [M]. 北京:人民出版社,2009:453-454.

不过因为年龄和性别的不同而需要不同的费用罢了。"① 资本家最需要的是能够带来资本增殖的廉价劳动力，机器排挤掉男工，工价更低、更适合机器生产的女工和童工成为资本残酷剥削的对象。

恩格斯在《英国工人阶级状况》中无情地揭露了资本剥削对妇女身体、精神造成的严重摧残。恩格斯通过深入到工人群众中实地了解他们的生存状况和搜集大量的可靠的统计资料，才写成了《英国工人阶级状况》。他在书中写道："这些可怜的人一连九天都没有脱过衣服，只是抽空在垫子上躺一下；给她们的食物都切成小块，好让他们尽快地吞下去。一句话，这些不幸的女孩子是在精神上的辫子——解雇的威胁——的驱策下无可奈何地去做那种持久而不间断的工作……此外，由于工房和卧室里的空气郁闷，经常保持弯腰曲背的姿势，吃恶劣的、难消化的食物，但主要是由于劳动时间太长和缺乏新鲜空气，结果女孩子们的健康受到致命的摧残。"② 由于工作环境恶劣、劳动时间很长，女工们往往各种疾病缠身，寿命也不长。恩格斯还抨击了工厂制度破坏了家庭生活和两性关系，并认为，妇女出外工作完全破坏了家庭，造成夫妻之间情感缺乏交流，小孩疏于照料死亡率增高，对孩子的家庭教育严重缺位以及造成男女关系头脚颠倒、妇女道德严重堕落等问题。在恩格斯看来，妇女在照顾家庭和教育孩子方面具有重要地位。恩格斯在这里基于两性间的关系完全颠倒过来，批判了家庭财产共有的假象，指出妇女和男性因为经济收入的变化而家庭地位发生变化的必然性，表明过去

---

① 马克思恩格斯文集：第2卷 [M]．北京：人民出版社，2009：39．
② 马克思恩格斯全集：第2卷 [M]．北京：人民出版社，1957：496-497．

男性将妇女束缚在家庭里从事家务劳动从而建立男权统治的不合理性。

马克思恩格斯认为，资本主义制度并没有改变妇女受到私有制和父权制的双重压迫的命运。他们一针见血地指出资产阶级家庭的本质，"现代的、资产阶级的家庭是建立在什么基础上的呢？是建立在资本上面，建立在私人发财上面的"。所以，"现代的个体家庭建立在公开的或隐蔽的妇女的家庭奴隶制之上，而现代社会则是纯粹的以个体家庭为分子而构成的一个总体。现今在大多数情形之下，丈夫都必须是挣钱的人，赡养家庭的人，至少在有产阶级中间是如此，这就使丈夫占据一种无须任何特别的法律特权加以保证的统治地位。在家庭中，丈夫是资产者，妻子则相当于无产阶级。"[①] 他们批判资本主义社会婚姻家庭的建立仅仅体现了法律上的形式平等，"在婚姻问题上，法律，即使是最进步的法律，只要当事人让人把他们出于自愿一事正式记录在案，也就十分满足了。至于法律幕后的现实生活发生了什么事，这种自愿是怎样造成的，法律和法学家都可以置之不问。"[②] 纯粹的法律规定是不足以保证男女在婚姻中的真正平等地位的，只要婚姻家庭还是依赖于经济关系决定，就会存在两性之间的对立冲突。

资本主义社会的残酷事实是，卖淫、通奸等败坏社会风俗的现象不仅没有削弱的倾向，反而大有增长之势。恩格斯说："卖淫是资产阶级对无产阶级的最明显的直接肉体剥削。"[③] 资本主义制度造成

---

① 马克思恩格斯文集：第4卷 [M]．北京：人民出版社，2009：87.
② 同①，第86页．
③ 马克思恩格斯全集：第3卷 [M]．北京：人民出版社，1960：664.

了更多的卖淫女,工人宁愿让他的女儿去讨饭,也不愿送她去工厂,在他们看来工厂是地狱的真正入口,城市中大多数妓女都是工厂造成的。"初夜权从封建领主手中转到了资产阶级工厂主的手中。卖淫增加到了前所未闻的程度。婚姻本身和以前一样仍然是法律承认的卖淫的形式,是卖淫的官方的外衣,并且还以大量的通奸作为补充。"① 卖淫不仅没有被消除,反而更大规模地存在,只不过有一些地方是以隐蔽的形式存在,有一些地方是以公开的形式存在。世界著名文学作品《茶花女》和《羊脂球》等都反映了资本主义制度下卖淫女的悲惨命运以及资产阶级的虚伪道德。"每天晚上充斥于伦敦街头的4万个妓女中,有多少人是靠道貌岸然的资产阶级为生呵!为了生存她们不得不向过路人出卖自己的肉体……最没有权利责备工人淫荡的就是资产阶级。"② 恩格斯认为卖淫对社会的危害很大,"自古就有的淫游制现今在资本主义商品生产的影响下变化越大,越适应于资本主义商品生产,越变为露骨的卖淫,它在道德上的腐蚀作用也就越大。而且它在道德上对男子的腐蚀,比对妇女的腐蚀要厉害得多。卖淫只是使妇女中间不幸成为受害者的人堕落,而且她们也远没有堕落到普通所想象的那种程度。与此相反,它败坏着全体男子的品格。"③ 恩格斯认为卖淫是不合理的社会制度造成的,应当在社会变革的过程中消灭卖淫、通奸等败坏社会风气的现象。

同时,马克思恩格斯也看到了资本主义生产方式为妇女提供了参与社会生产的机会,客观上有力地促进了妇女的解放和男女平等。

---

① 马克思恩格斯文集:第3卷 [M]. 北京:人民出版社,2009:527.
② 马克思恩格斯文集:第1卷 [M]. 北京:人民出版社,2009:442.
③ 马克思恩格斯文集:第4卷 [M]. 北京:人民出版社,2009:88.

资本对女工的需要带来社会的巨变，那就是使越来越多的女性走出家庭参加社会生产，虽然遭受资本的无情剥削，但客观上推动了妇女的解放和男女平等，甚至女工由于为家庭赚得更多的财产而逐渐在家庭中建立自己的统治地位，跟过去男人凭借这一点在家庭中统治妻子和儿女一样。这是和漫长的奴隶时代和封建时代相比较呈现出来的新变化、新趋势。两性的对立冲突由男性统治压迫女性开始逐渐转向男女平等，甚至无产阶级女性试图在家庭中建立统治地位。马克思恩格斯还客观地揭示了资本主义历史条件下无产阶级的两性关系的状况，认为无产阶级由于缺乏私有财产，无产阶级的两性之间才可能产生真正的、纯粹的性爱为基础的爱情。他们认为无产阶级的家庭将战胜资产阶级家庭的无聊和金钱建立的联系，"那里完全不存在家庭的概念，但往往毫无疑问地可以看到以非常现实的关系为基础的家庭情谊。"[1] 马克思恩格斯反对资本对女性的剥削压迫，但赞成女性解放和男女平等，他们希望人类能够在消灭私有制的基础上建立起真正自由平等、摒除利害关系的、纯洁的两性关系。

三、两性对立冲突的社会历史根源

由上所述可知，人类早期的历史还不存在尖锐的两性对立冲突。恩格斯认为："个体婚制在历史上绝不是作为男女之间的和好而出现的，更不是作为这种和好的最高形式而出现的。恰好相反。它是作为女性被男性奴役，作为整个史前时代所未有的两性冲突的宣告而

---

[1] 马克思恩格斯全集：第3卷 [M]. 北京：人民出版社，1960：196.

第三章 两性的对立冲突及其社会历史根源

出现的。"① 也就是说，伴随着专偶制，即一夫一妻的个体婚制登上历史舞台，两性之间前所未有的冲突开始出现了。为什么人类初期比较和谐的两性关系会转向剧烈的冲突对立？这种冲突很明显是建立在男女不平等、女性受压迫的基础之上。为什么女性的地位会从人类历史早期处于比较尊贵的、比较高的地位沦落到依附从属、被统治压迫的地位呢？为什么历史会发生如此令人匪夷所思的变化呢？

从早期的古希腊哲学家到近代的西方哲学家当中，不乏秉持"生理根源论"来解释女性地位低下的原因。古希腊大哲学家柏拉图认为，只有男人是上帝直接创造的，在男人身上才能体现出完美人性来，而女人是由作恶多端或胆小怕事的男人退化而来的，因此必然低男人一等，地位是最低微的。柏拉图的学生亚里士多德在他的《政治学》中谈道，女人是四肢发达而头脑简单的人。在亚里士多德看来，男人天生就比女性优越，女人往往缺乏逻辑和理智，所以不能参政，更加不能谈论哲学，所以，男女关系就像动物中雄性和雌性的关系一样，必然是雄强雌弱，雄性统治雌性，男性统治女性。欧洲中世纪经院哲学家托马斯·阿奎那曾经说："女人是成长很快的杂草，她们是不完全的人类。"近代思想家、哲学家卢梭、黑格尔、叔本华等人也从唯心主义出发攻击女性。卢梭认为：男女的生理差异，使女人需要依赖男人生存；女性的柔弱以及对男性的依赖，决定着她们无法成长为理性公民，只能安于家庭，生儿育女、照料家务。因此，卢梭主张，教育也应该根据性别差异有所区别，培养男孩理性的公民意识，培养女孩顺从娴静的美德。而在黑格尔看来，

---

① 马克思恩格斯文集：第4卷 [M]. 北京：人民出版社，2009：78.

女性体力弱小，过于感性、依赖直觉、思想单纯，缺乏抽象思维能力，缺乏进取心，并不具备进入公共领域参与政治生活的能力。在西方思想史上很长的历史时期，都把妇女处在从属地位，男人统治世界看成是天经地义的。这种源远流长的思想是由社会存在决定的社会意识。思想家们看到女性被禁锢在家庭里面的从属地位就认为女性天然应该低人一等，而且他们多从生理角度解释女性的从属地位，令人难以信服。为什么人类历史的初期，妇女并没有因为自己生理上的特殊性而沦落到被压迫的地位呢？为什么曾经存在群婚制下的母权制呢？所以，女性的弱势地位并非是天生的、自然而然的，造成女性依附地位的根本原因不是生理因素，而是社会因素。

马克思恩格斯基于唯物史观的理论基础，主要从生产方式、私有制和阶级对立、性别压迫三个方面深刻揭示了两性对立冲突、女性受到压迫的社会历史根源。正如恩格斯所说："这样，在个体家庭中，在仍然忠实于其历史起源并使由于丈夫的独占统治而出现的男女之间的冲突的场合，我们就看到了自文明时代开始分裂为阶级的社会在其中运动的、既不能解决又不能克服的那些对立和矛盾的一幅缩图。"[①] 两性对立冲突的实质是阶级社会的根本矛盾对立的产物，也是折射阶级社会的根本矛盾对立的缩图。

（一）生产组织方式决定两性在生产和家庭中的地位差异

唯物史观的基本观点是：生产力决定生产关系、经济基础决定上层建筑。这一基本观点至今可以符合逻辑和符合历史地解释人类

[①] 马克思恩格斯文集：第4卷 [M]. 北京：人民出版社，2009：80-81.

第三章 两性的对立冲突及其社会历史根源

社会发展的诸多领域的问题，性别问题也是如此。生产力的发展、生产方式的变革，从最根本的意义上决定着各种社会关系，包括婚姻家庭关系、两性关系的变化。在人类社会初期，要对抗恶劣的自然环境，让人类生存下来，因此人类采取联合的力量和集体行动来进行生产。这就是共产制家户经济和群婚制的婚姻家庭。在这种生产方式中，女性照料家务和生儿育女的劳动本身就是整个社会劳动的组成部分，同时女性还和男性一样直接生产生活资料，虽然生产的场所和领域存在差异。所以，恩格斯在《家庭、私有制和国家的起源》中这样写道："这种十分单纯质朴的氏族制度是一种多么美妙的制度呵！……大家都是平等、自由的，包括妇女在内。"① 这个历史时期，男女共同进行物质生产劳动并且女性承担家庭劳动的生产方式，并没有引起两性之间的尖锐的对立冲突和对女性的奴役压迫。

随着生产力的发展，共产制家户经济日益成为阻碍生产力进一步发展的障碍，逐渐被家长制家庭经济取而代之，以血缘关系为基础的氏族社会也被以国家结构体系为基础的阶级社会取而代之。在家长制家庭经济中，男性逐渐掌控了生产工具等生产资料，垄断了物质生产过程和生产出来的生活资料。人类第一次社会大分工的出现，两性之间由以往的自然分工发展为社会分工。作为一家之主的丈夫，要求由自己婚生的子嗣来继承其财产，于是，限制女性的活动范围，将女性禁锢在家庭的范围内活动，以此确保女性生育的子女是属于一家之主的。从此造成了男外女内的性别分工和生产方式。恩格斯指出："家庭内的分工决定了男女之间的财产分配；这一分工

---

① 马克思恩格斯文集：第4卷［M］. 北京：人民出版社，2009：111.

仍然和以前一样，可是它现在却把迄今所存在的家庭关系完全颠倒了过来，这纯粹是因为家庭以外的分工已经不同了。"[①] 这种男外女内的性别分工和生产方式，完全否认了女性的家务劳动的价值，只承认男性的生产劳动的价值，继而确立和保障男子在家庭和社会中的统治地位，而女性则无可奈何地沦为家庭奴隶。依据生产力决定生产关系、经济基础决定上层建筑的唯物史观基本原理，由于女性被禁锢在家中，无法从事社会生产劳动，对生产力的贡献也被认为是极少的，因此，在生产关系中就没有资格占有生产资料，分配劳动产品，在家庭关系中就没有话语权和参与决策权。恩格斯在《家庭、私有制和国家的起源》中对此做了非常深入的、形象的描绘。前面已进行了大量引述，这里不再赘述。总之，根据唯物史观的基本原理，在生产过程中两性参与生产的组织形式对两性在生产和家庭中的地位影响是根本性的，女性被排除在生产之外对女性受压迫起着基础性、决定性的作用。因此，女性应当以史为鉴，始终保持头脑清醒，要确保实现经济独立和自立，为自由全面的发展奠定经济基础。

（二）私有制和阶级对立是造成两性对立冲突的最直接的决定因素

恩格斯认为，在原始社会美好的氏族制度下，人人是自由平等的，男女之间也是自由平等的。但随着社会大分工促进生产力的加速发展，越来越多的生活资料被生产出来，剩余产品催生了私有制，

---

① 马克思恩格斯文集：第4卷 [M]. 北京：人民出版社，2009：181.

在私有制基础上形成了统治阶级和被统治阶级的阶级对立。这种变化的过程和后果就是马克思恩格斯在《德意志意识形态》中描绘的，"分工包含着所有这些矛盾，而且又是以家庭中自然形成的分工和以社会分裂为单个的、互相对立的家庭这一点为基础的。与这种分工同时出现的还有分配，而且是劳动及其产品的不平等的分配（无论在数量上或质量上）；因而产生了所有制，它的萌芽和最初形式在家庭中已经出现，在那里妻子和儿女是丈夫的奴隶。家庭中这种诚然还非常原始和隐蔽的奴隶制，是最初的所有制，但就是这种所有制也完全符合现代经济学家所下的定义，即所有制是对他人劳动力的支配。其实，分工和私有制是相等的表达方式，对同一件事情，一个是就活动而言，另一个是就活动的产品而言。"① 私有制一开始就是男权制，"他们要对妇女实行全面的剥夺：剥夺财产权、家事管理权、社会劳动权、子女权，直到剥夺了妇女的人格权利。"②

（三）性别压迫的制度和文化是造成两性对立冲突的重要社会因素

一夫一妻制家庭的产生标志着性别压迫制度的确立。一夫一妻制家庭"是建立在丈夫的统治之上的，其明显的目的就是生育有确凿无疑的生父的子女；而确定这种生父之所以必要，是因为子女将来要以亲生的继承人的资格继承他们父亲的财产"③。因此，恩格斯断定，"个体婚制在历史上绝不是作为男女之间的和好而出现的，更

---

① 马克思恩格斯文集：第1卷 [M]. 北京：人民出版社，2009：535-536.
② 陶春芳. 女性的过去和现在 [M]. 北京：北京出版社，1985：40.
③ 马克思恩格斯文集：第4卷 [M]. 北京：人民出版社，2009：73-74.

不是作为这种和好的最高形式而出现的。恰好相反。它是作为女性被男性奴役，作为整个史前时代所未有的两性冲突的宣告而出现的。"①并且，性别压迫和阶级压迫几乎在历史上是同时发生的，"在历史上出现的最初的阶级对立，是同个体婚制下夫妻间的对抗的发展同时发生的，而最初的阶级压迫是同男性对女性的压迫同时发生的。个体婚制是一个伟大的历史的进步，但同时它同奴隶制和私有制一起，却开辟了一个一直继续到今天的时代，在这个时代中，任何进步同时也是相对的退步，因为在这种进步中，一些人的幸福和发展是通过另一些人的痛苦和受压抑而实现的。"②

在恩格斯看来，以私有制为基础的阶级对立是性别压迫产生的基础，而且私有制、阶级对立和性别压迫三者在历史上几乎是同时发生的。正是私有制和阶级对立的产生，促使家长制家庭将女性禁锢在家庭范围内活动，以确保由婚生子嗣继承家庭私有财产和统治阶级的统治地位代代相传，由此产生的男外女内的性别分工导致了男性对女性的统治和压迫。阶级压迫使统治阶级的男性不仅压迫统治阶级的女性，而且压迫被统治阶级的女性，乃至到近代历史上还出现地主因为农民还不起地租而强抢农民女儿的悲剧。所以，被统治阶级的女性往往沦为统治阶级男性的妾和婢女，这贬低的不仅仅是处在被统治阶级中的女性，而且同时也贬低属于统治阶级阵营的女性。统治阶级阵营中的女性面对被统治阶级是统治阶级，但实际上她们不仅受到等级制度的压迫，而且还在家庭中受到丈夫的统治。

---

① 马克思恩格斯文集：第4卷[M].北京：人民出版社，2009：78.
② 同①。

恩格斯在《英国工人阶级状况》中以"工厂制度所必然造成的女人统治男人的现象",说明"原来男人统治女人的现象也应该认为是不近人情的"。在恩格斯看来,现在的女人也像过去的男人一样,把自己的统治建立在她为家庭谋得大部分,甚至全部公共财产的基础上。也就是说,男女在家庭中的地位是依据他们为家庭创造的财产状况来决定的。因此,"现代社会的家庭正日益解体这一事实,只不过证明了维系家庭的纽带并不是家庭里的爱,而是隐藏在财产共有这一外衣下的私人利益。"① 这段论述精辟地阐明了从古至今造成两性关系对立冲突的根源是私有制和私人利益。可以说,自从人类进入阶级社会以来,阶级对立就伴随着性别对立,性别对立反过来也反映和折射整个文明时代不同力量之间的对立和冲突。当然,性别压迫从属于阶级压迫,二者并不是平行对等的关系。

恩格斯对性别压迫的研究和阐释虽然没有充分拓展开来,但明确指出了性别压迫与阶级压迫同时发生并相互交织,造成对女性的残酷压迫和黑暗统治,这为西方女性主义研究性别压迫提供了一个突破口。西方女性主义认为仅仅探讨经济因素和阶级对立,还不能完全解释女性为什么因为自己的性别受到特殊压迫。女性主义理论家凯瑟琳·麦金农就提出这样的问题:既然阶级差异是性别压迫的基础,统治阶级又是怎么可能奴役同一阶级的女性呢?她们认为父权制是造成女性受压迫的重要因素。所谓父权制,就是男性借以统治女性的经济、政治、法律、思想、心理结构等构成的整个制度和意识形态。如中国的"夫为妻纲""三从四德""男尊女卑"的父权

---

① 马克思恩格斯全集:第29卷[M].北京:人民出版社,1972:515.

制制度和意识形态,西方国家也存在类似的父权制制度和意识形态。当然,客观地讲,在揭示两性的对立冲突上,西方女性主义者往往基于自身的性别经历和性别特征,一定程度上拓展了马克思恩格斯关于这一问题的认识和观察。

自由主义女性主义相对温和一些。1792年,玛丽·沃斯通克拉夫特女士发表了《女权辩护:关于政治和道德问题的批评》。她从人类的权利和有关义务出发,强烈谴责当时社会上流行的关于两性品格的思想和束缚妇女、造成男女不平等的各种陈规陋习,深刻分析了将女性排除在教育之外和否定女性理性能力的严重后果。1949年,西蒙娜·德·波伏娃出版了《第二性》,被人们誉为"当代西方妇女理论的经典之作"。她在书中提出"女人不是天生的,而是后天形成"① 的核心观点,用存在主义来解释女人的文化身份和政治地位。1963年,美国女性主义者贝蒂·弗里丹出版了《女性的奥秘》,她在书中批判美国社会,"也许这只是个病态或尚未成熟的社会,愿意让妇女做'家庭主妇',而不做人。"② 总而言之,自由主义女性主义认为社会长期压抑女性,剥夺女性的平等权利,造成女性的理性和能力不如男性,为此,他们主张赋予女性平等的权利和选择的自由,提倡女性通过接受教育提高理性能力,坚持从事社会工作实现自我价值。但自由主义女性主义主要反映的是中产阶级妇女的要求,在女性受压迫的根源上不承认阶级压迫的存在,在实践中未能在工

---

① 西蒙娜·德·波伏娃. 第二性:Ⅲ [M]. 郑克鲁,译. 上海:上海译文出版社,2011:9.
② 贝蒂·弗里丹. 女性的奥秘 [M]. 巫漪云,丁兆敏,林无畏,译. 南京:江苏人民出版社,1988:218.

作和政治领域争得两性平等,甚至在法律上的平等也没有完全争得,因此又被称为保守的女性主义。

　　激进女性主义彻底反对父权制。澳大利亚女权主义运动家杰梅茵·格里尔在《女太监》一书中认为,父权制或男权制才是女性受压迫的根源,她号召女性起来革命,"革命是被压迫者的节日""妇女选择的道路是否正确,最可靠的指南莫过于斗争的欢乐。"① 美国激进女性主义者凯特·米利特1970年出版了《性的政治》一书。米利特提出"性即政治"的观点,认为,"现在,以及在整个历史的进程中,两性之间的关系就是如马克思·韦伯所定义的那样,是一种支配和从属的关系……是男人按天生的权力对女人实施的支配。"② 她分析事情之所以这样,是因为我们的社会是男权制社会。男权制制度夸大男女的生理差异,从而确保男性拥有支配人的角色,女性拥有附属角色。米利特指出,妇女的解放只有将男性在公私领域控制的父权制消灭干净才能实现,而实现的途径是把男性的好品质与女性的好品质融合在一起,构成一种双性气质。加拿大裔美国激进女权主义者费尔斯通也在1970年出版了其代表作《性的辩证法》。她认为两性权利的不平等是妇女的生育功能造成的,主张通过技术手段解决问题,让生育在女性体外进行,从而把妇女从生育导致的压迫中解放出来。费尔斯通认为,"就像共产主义的最终目标是消灭阶级差别一样,女权主义的最终目标也应是消灭性别差别。她

---

① 杰梅茵·格里尔. 女太监[M]. 欧阳昱,译. 天津:百花文艺出版社,2002:409.
② 凯特·米利特. 性的政治[M]. 钟良明,译. 北京:社会科学文献出版社,1999:38.

憧憬一种双性气质，这种气质不仅要超越男性刚毅气质和女性柔弱气质的两极化，还要把它们融为一体。"① 激进女性主义在促进女性权利的争取与获得、女性地位的提高、女性自我意识觉醒等方面的积极作用是毋庸置疑的。但激进女权主义未能揭示男权制和妇女受压迫、受歧视的经济社会根源，它主张与男性决裂对抗，反对婚姻家庭，这不利于女性主义健康发展，也不利于两性之间和谐共生和人类文明进步。

社会主义女性主义也是女性主义的一个重要流派，其对两性之间的对立提出了具有重要参考价值的意见。朱丽叶·米切尔是社会主义女性主义最重要的代表人物之一，她在1966年发表的《妇女：最漫长的革命》成为第二次女性运动浪潮的纲领性文献。她在书中提出，女性的被剥削被压迫是通过四个领域来进行的，那就是生产、生殖、性和儿童的社会教化。这四种结构"在家庭中结合在一起，相互依存，是女性受压迫的物质基础"②。通常人们又把她的观点归结为双系统理论的构架：非物质的父权社会系统+物质的资本主义系统。所以，要根除性别歧视，使妇女获得彻底解放，就必须同时进行经济革命和意识形态革命。海迪·哈特曼在《资本主义、父权制与性别分工》一文中讨论了资本主义、父权制与性别分工的问题。她不同意米利特的观点，指出父权制是在物质领域而不是在意识形态领域运作的，并将性别分析与阶级分析相结合构建了双系统理论构架，即物质的资本主义+物质的父权制。物质的资本主义就是传

---

① 张广利，杨明光. 后现代女权理论与女性发展 [M]. 天津：天津人民出版社，2005：27.
② 李银河. 女性主义 [M]. 上海：上海文化出版社，2018：91.

第三章 两性的对立冲突及其社会历史根源

统马克思主义的经济分析和政治分析的逻辑，主要涉及公共领域对妇女的压迫；而物质的父权制主要是指私人领域对妇女的压迫。因此，"如果妇女想获得自由，她们就应该既反对父权制体系，又反对资本主义体系。"① 同时，"在抨击父权制和资本主义时，我们必须找到改变社会机制和我们最根深蒂固的习俗的途径，这将是一场长期的艰巨的斗争。"② 盖尔·卢宾的代表作是《女人交易：性的"政治经济学"初探》，从历史唯物主义出发创建了社会性别制度学说。她认为，女人是社会关系的产物，是社会性别制度驯化、造就了女人。因此，卢宾认为，我们的目标不应该是消灭男人，而应该是消灭创造了性别歧视和性别压迫的社会性别制度。

生态女性主义揭示统治自然与统治妇女之间的密切联系，反对任何形式的统治和压迫，把反对压迫、妇女解放和解决生态危机作为一致的奋斗目标。法国女性主义者弗朗西斯娃·德·奥波妮将生态运动与女性运动结合起来，致力于建立新的道德价值、社会结构，反对各种形式的歧视，希望通过提倡爱、关怀和公正的伦理价值，最终可以以相互依赖模式取代以往的等级制关系模式。卡洛琳·麦茜特在代表作《自然之死：妇女、生态和科学革命》中将自然歧视与性别歧视联系起来，认为对自然界的支配和压迫和对女性的支配和压迫在思维框架上是同源的，深化了对等级二元论逻辑的批判。生态女性主义强调女性与自然之间天然的亲密联系，认为女性的受压迫和自然的被掠夺背后是几千年来占统治地位的男性中心主义和

---

① 张广利，杨明光. 后现代女权理论与女性发展 [M]. 天津：天津人民出版社，2005：35.
② 李银河. 妇女：最漫长的革命 [M]. 北京：中国妇女出版社，2007：73.

人类中心主义。通过对这种男权思想和人类中心主义思想的批判，生态女性主义者旨在在打破根深蒂固的等级制二元关系模式，建立一个多元复杂的、人与自然、人与人和谐相处的美好世界。

  还有后现代女性主义、第三世界女性主义等多种女性主义理论从各自的视角剖析了两性之间的对立冲突及其产生的原因。这些论述对于更全面地、更深刻地认识和理解两性之间的对立冲突具有不容忽视的理论价值，我们应当批判地汲取其中的合理成份以拓展对两性对立冲突的认识和解释。总体而言，马克思恩格斯揭示的两性对立的社会历史根源，即分工、私有制、阶级压迫，才是最终把握两性对立冲突的实质和社会历史根源的科学理论指南。

第四章　两性和解的基本原则和根本途径

马克思恩格斯两性关系思想的内在逻辑是：两性关系深刻影响人类文明进步，也是衡量人类文明进步的重要标尺。因此，他们不仅客观地分析了两性的辩证统一性，指明两性之间的相互依存、相互作用、合作共赢、和谐共生的同一性，而且深刻地剖析了两性关系在历史和现实中对立冲突、异化发展的根源，并在此基础上指明规范两性关系的基本原则和两性关系和解的根本途径。

一、妇女解放是两性和解的第一步

长期以来，妇女因为遭受阶级和性别的双重压迫并受到家庭事务、生育子女的种种束缚，所以，妇女的生存状况是人类社会中最不自由的、最不平等的。因此，马克思恩格斯认为，要解决男性对女性的性别压迫和两性之间的对立冲突，首当其冲的历史任务是实现妇女解放，妇女解放是两性关系开始走向和解的第一步。

马克思恩格斯非常重视妇女解放问题。他们高度认同而且不止一次引用傅立叶关于妇女解放的深刻表述："某一历史时代的发展总是可以由妇女走向自由的程度来确定,因为在女人和男人、女性和男性的关系中,最鲜明不过地表现出人性对兽性的胜利。妇女解放的程度是衡量普遍解放的天然标准。"① 妇女解放不仅是使妇女从各种压迫中得到自由和解放,而且也是女人和男人、女性和男性之间关系的重大调整。妇女解放是调整两性关系的必要环节,使不平等的两性关系转变为平等的两性关系。1868年12月12日,马克思在致路德维希·库格曼的信中也写道:"每个了解一点历史的人也都知道,没有妇女的酵素就不可能有伟大的社会变革。社会的进步可以用女性(丑的也包括在内)的社会地位来精确地衡量。"②马克思恩格斯不是狭隘地看待妇女解放,而是将妇女解放置于人类解放的伟大事业之中,以妇女的社会地位来衡量社会的文明进步,以妇女解放的程度来衡量人类普遍解放的进步程度。

到底什么是妇女解放?狭义地理解,妇女解放的内涵是以男女平等为核心目标的妇女解放运动和革命斗争,旨在使妇女享有与男子平等的各项社会权利。广义地理解,妇女解放的内涵包括经济解放、阶级解放、政治解放、思想解放、社会解放和彻底解放等多种尺度,最终妇女作为客观存在的人实现自由而全面的发展。在这里,人类解放包含妇女解放,实现妇女解放是推进人类解放的重要环节。根据马克思恩格斯关于人类解放的基本设想,妇女解放需要经历三个历史阶段。首先,妇女解放要实现阶级解放,核心目标是消灭阶级压迫,使妇女从无情的阶级压迫下解放出来,成为国家和社会的

---

① 马克思恩格斯全集:第2卷[M].北京:人民出版社,2009:249-250.
② 马克思恩格斯文集:第10卷[M].北京:人民出版社,2009:299.

主人，享有法律上规定的平等权利。妇女解放的第二个阶段是实现社会解放，社会解放的核心目标要消除性别压迫，全面构建男女平等的新型性别关系，实现事实上的男女平等，促进两性平等协调发展。人类社会需要经历较长的时间来实现妇女的社会解放。妇女解放的最后一个阶段是达到人类解放，人类解放是指彻底消除阶级压迫和性别压迫，每个人都实现自由全面发展的解放状态。妇女的彻底解放和人类的彻底解放要到未来共产主义社会才可能实现。从这个角度来看，妇女解放将伴随人类历史通往共产主义的整个历史进程。马克思说："任何解放都是使人的世界即各种关系回归于人自身。"[①] 当社会不再有阶级压迫和性别压迫时，妇女的各种关系回归人的本质，妇女的发展进入全面、自由的发展阶段，那才是妇女解放的最终目标。因此，男女平等是妇女解放的基本目标，妇女解放的根本目标是妇女作为人实现人的全面、自由的发展，可以说，妇女解放永远在路上。

妇女解放之所以是两性关系和解的第一步，是因为妇女解放能够使女性摆脱依附从属地位，为消除性别压迫实现性别平等奠定了基础。过去，对妇女解放的理解更多是强调妇女自身的解放、主体意识的觉醒和自由平等的发展，而忽视了妇女解放也是调节两性关系的重要历史活动。正如英国著名的哲学家、历史学家约翰·斯图尔特·穆勒所说："我确认，规范两性之间的社会关系的原则——一个性别法定地从属于另一性别——其本身是错误的，而且现在成了

---

① 马克思恩格斯全集：第1卷[M].北京：人民出版社，2009：45.

人类进步的主要障碍之一。"① 确立合理的规范两性之间的社会关系的原则，是文明时代发展进步的必然要求。妇女解放使地位低下的妇女获得与男性平等的家庭地位和社会地位，使不平等的两性关系走向平等的两性关系。因此，从这个角度来看，妇女解放也是调节两性关系的历史活动的重要组成部分。妇女解放绝不是要实现妇女统治男性，妇女主宰世界。有些女性主义者批判男性主导型的社会，认为当今世界问题频发并陷入难以解决的困境的根源在于世界是由男人主导的，主张要创造人类社会的美好未来，就应该由女性来主导社会发展，世界应该是女人的。这种认为社会的主导者要么是男性要么是女性、女性的解放就必然要取得对男性的统治和压倒性优势的观点，无论在理论上还是在实践中都是难以行得通的。"女尊男卑"的思想最终并不能实现女性解放、两性平等的目标，只不过是试图用一种不合理的性别秩序代替另一种不合理的性别秩序。历史和实践表明，一个性别压迫和统治另一个性别，必然造成性别的对立和矛盾并引起解放斗争和革命运动。如果妇女解放的目的就是要统治世界、统治人类，回到母系社会，那么这只会引起男性无情地抵抗和反击，两性之间的对立和矛盾将进一步加剧和恶化，两性之间将永无宁日。妇女解放是要实现两性之间的平等、和解与和谐共处，共同建设美好世界和美好未来。

马克思恩格斯认为，妇女解放的根本途径是通过无产阶级革命消灭私有制。消灭私有制，才能消除"所有制是对他人劳动力的支

---

① 约翰·斯图尔特·穆勒. 妇女的屈从地位 [M]. 汪溪，译. 商务印书馆，2011：285.

配"的剥削压迫现象,才能真正实现男女在各个领域的平等。在消灭私有制、建立公有制的基础上,才能消除对妇女的阶级压迫和性别压迫,才能为妇女运动的开展创造充分的条件。恩格斯认为,"妇女解放的第一个先决条件就是一切女性重新回到公共的事业中去。"① 这就是说,妇女解放不能坐等无产阶级革命推翻私有制,广大妇女要主动地争取重新回到公共的事业中去,推动社会文明进步和自身的自由平等发展,为最终推翻私有制创造历史条件。人类社会的历史发展反复证明,人与人平等的基础根本在于经济地位平等,妇女解放、男女平等的基本条件就是必须实现妇女在经济上的独立和平等地位。为有利于妇女大规模参与到社会生产中,从而实现经济自立,恩格斯认为关键要促使家务劳动社会化和孩子养育社会化。两百多年妇女解放运动的实践证明,家务劳动社会化,妇女大规模地参加社会生产劳动,与社会协调发展的同时实现自身的价值,极大地促进了男女平等和妇女自由全面发展。马克思恩格斯还强调政治和法律制度对促进妇女解放的重要作用,认为应当促进国家法律体系的完善,保障男女平等的政治权利和自由,并基于妇女长期遭受的性别压迫,应适当保护女性在某些方面的特殊权益,直到两性真正实现平等。

要真正实现妇女解放,还必然要求推进男性解放。如果说妇女解放实质是两性关系调整的一个重要环节,那么在妇女解放的同时,如果男性不解放,那么这种调整肯定容易出现新问题的。所谓解放,就是要从束缚和压迫中解放出来,获得自由和平等。女性由于在历

---

① 马克思恩格斯文集:第1卷 [M].北京:人民出版社,2009:88.

史上受到阶级压迫和性别压迫的双重压迫，所以妇女解放这个特定的概念既蕴含着消除阶级压迫又蕴含着消除性别压迫的意蕴。那么男性解放这个概念的内涵又是什么呢？自阶级社会产生以来，男性主要受到的是阶级压迫，并没有因为自己的性别受到性别压迫，而且男性在性别压迫这一重压迫当中还处于压迫者的地位，因此，男性解放的基本内涵主要是要消除阶级压迫和从传统男尊女卑的男权主义的性别意识中解放出来。时至今日，男权主义的性别意识在一部分男性当中仍然根深蒂固，是阻碍妇女解放和男女平等的重要因素。当然，男性解放也意味着男性从传统的性别分工模式中解放出来，不再被迫扮演强者、统治者的社会角色，能够更自由全面地发展。从根本上讲，男性解放是人类解放的一个重要组成部分，要实现男性的经济解放、阶级解放、政治解放、思想解放、社会解放，最终达到彻底解放，男性作为客观存在的人实现自由全面的发展。

总之，要实现两性关系的和解和确立合理的规范两性关系的基本原则，首先必须持之以恒地推进妇女解放的进步事业，同时防止妇女解放的异化和扭曲。没有妇女解放，根本不可能实现两性和解；而异化和扭曲的妇女解放，不仅不能实现两性和解，还会造成新的两性对立冲突。同步推进妇女解放和男性解放，是实现男女平等、人类解放的必然要求。

二、男女平等是两性和解的基本要求

马克思恩格斯在构想规范两性关系的基本原则的时候，很显然他们首先是提出了男女平等的正义法则。马克思恩格斯在批判现实的两性对立冲突的时候，也在积极探索"两性关系的更高级的形式""资本主义生产行将消灭以后的两性关系的秩序"。到底两性关系的更高级的形式是什么样的形式？资本主义生产行将消灭以后的两性关系的秩序是什么样的秩序？后来的马克思主义者从马克思恩格斯的论述中明确找到的是男女平等的思想主张和发展目标。

在《摩尔根〈古代社会〉一书摘要》中，马克思认为家庭会继续发展，"关于现代的一夫一妻制家庭……它还能更加改善，直到达到两性间的平等为止。"① 恩格斯在《家庭、私有制和国家的起源》中指出，"只要妇女仍然被排除于社会的生产劳动之外而限于从事家庭的私人劳动，那么妇女的解放，妇女同男子的平等，现在和将来都是不可能的。"② 两性间的平等或者妇女同男子的平等，其实就是男女平等。恩格斯深信，"只有在废除了资本对男女双方的剥削并把私人的家务劳动变成一种公共的行业以后，男女的真正平等才能实现。"③ 在马克思恩格斯看来，消除性别压迫，实现男女平等、性别平等，成为衡量妇女解放程度和社会文明进步的重要尺度。

长期以来，无论是马克思主义妇女观还是西方女性主义，在指认妇女受到不公平对待、要求实现男女平等的时候基本上是持一致的观点。妇女解放首先要求以男女平等作为解放运动的基本目标，以男女平等来衡量和审视妇女解放的实际程度。因此，近代以来，无论是资产阶级妇女解放运动还是无产阶级妇女解放运动，都把男女平等写在自己奋斗的旗帜上。经过两百多年妇女解放运动的实践，

---

① 马克思. 摩尔根《古代社会》一书摘要 [M]. 北京：人民出版社，1965：45.
② 马克思恩格斯文集：第4卷 [M]. 北京：人民出版社，2009：181.
③ 马克思恩格斯文集：第10卷 [M]. 北京：人民出版社，2009：536.

男女平等的观念已经深入人心,男女平等成为人类社会基本认同的规范两性关系的基本原则。

男女平等是社会平等的一个重要组成部分,没有男女平等不可能有真正的社会平等。恩格斯对现代平等的预想,"一切人,或至少是一个国家的一切公民,或一个社会的一切成员,都应当有平等的政治地位和社会地位。"① 平等实质反映人的社会关系的本质,马克思恩格斯一生矢志不渝追求的就是人人平等的人类解放。著名哲学家皮埃尔·勒鲁认为,"一个真正的社会,一个真正人道的社会应该是人人获得自由的博爱社会。""人类精神统治着现实社会,并把平等作为社会的准则和理想。"② 人类文明的发展使平等成为人们公认的法则。男女不平等是社会不平等的重要标志,男女平等也是社会平等的重要衡量尺度。近代以来,追求男女平等成为人类文明进步的崇高事业。到底什么是男女平等?人类对这个问题的认识也是一个不断深化的过程。正如近代妇女解放运动从最初要求权利平等,发展到要求人格尊严价值的平等、权利机会结果的平等,男女平等的内涵和外延也是不断深化拓展的。

首先,男女平等体现在男女享有平等的权利。现代社会都借助法律法规的途径来依法保障妇女合法权益,减少和消除性别不平等现象。法律上的男女权利平等能够为实际生活中男女平等发展提供法律保障,能够确保妇女可以平等享有社会发展所取得的文明成果。无论是男性还是女性,如果坚持要求享有特权,一个性别压迫另一

---

① 马克思恩格斯文集:第9卷 [M]. 北京:人民出版社,2009:109.
② 皮埃尔·勒鲁. 论平等 [M]. 王允道,译. 北京:商务印书馆,2012:14-15.

个性别，让后者处于被压迫状态，都会造成两者之间的不对等关系和对立矛盾，都是异化的两性关系。男女权利平等是消除两性关系异化的最基本要求。

其次，男女平等是权利平等、机会平等和结果平等的辩证统一，是男女在各个领域的事实平等。当然，权利、机会和结果往往是内在相通的。比如妇女享有法律所规定的受教育权利，也就是妇女受教育的机会，结果就很可能会提高妇女的科学文化水平。根据"三个平等"统一的原则，可以从男女是否拥有同样的生命价值、是否享有同等的生存权益和价值回报、是否享有同等就业权、受教育权等不同的维度来衡量男女平等的程度。

再次，男女平等还是人格尊严价值的平等。1975 年，第一次世界妇女大会通过的《墨西哥宣言》指出，"男女平等是指男女的人的尊严和价值的平等以及男女权利、机会和责任的平等。"[①] 权利平等是平等的基础，人格尊严价值的平等是更高层次的平等。男女在权利平等的基础上，还应该享有人格尊严价值的平等和受到应有的尊重。现实生活中，妇女的价值往往被贬损，人格和尊严时常遭到侮辱。如性骚扰问题就是对妇女人格尊严的践踏。尊重妇女的人格尊严价值，是社会文明进步的必然要求。

最后，男女平等要尊重性别的同一性和差异性的统一。男女平等不是男女等同、同质，也不是奉行平均主义。女性的角色首先是她自己。男女平等既要尊重男女两性的共同利益、平等权利，又要

---

① 全国妇联妇女研究所国际室. 国际妇女运动和妇女组织 [M]. 北京：中国妇女出版社，2002：64.

尊重和满足妇女的特殊利益。男女平等、性别平等从本质上是指不同性别的人在法律上具有平等的权利和同等的机会，并在结果上得到公正的待遇，从根本上体现社会性别的平等。西方女性主义把性别分为生理性别（sex）和社会性别（gender），生理性别是社会性别存在的前提和基础，社会性别是社会文化根据人的生理性别赋予的。"社会性别，是指两性在社会文化的建构下形成的性别特征和差异，以及在社会文化中形成的属于男性女性的群体特征和行为方式。"① 社会性别（gender）揭示了人的性别是一个历史的、经济的、政治的和文化的范畴。性别平等要求社会从经济、政治、文化等层面建构社会性别的时候，要尊重和承认不同性别之间的自然差异，并保证不同性别的人具有平等的权利和同等的机会，能够在生存和发展的过程中，不因为性别的差异而遭受歧视和不公平。

男女平等是两性关系和解的基本要求。历史上，男女不平等、男性压迫女性是两性对立冲突的主要表现，男女双方在权利、地位、情感等多方面处于失衡状态，男性不仅把女性当作共同淫欲的虏获物和婢女来对待，甚至可以对女性生杀予夺、为所欲为。康有为在《大同书》中痛斥传统社会对妇女："忍心害理，抑之，制之，愚之，闭之，囚之，系之，……不得事学问，不得发言论，不得达名字，不得通交接，不得预享宴，不得出观游，不得出室门；甚且斫束其腰，蒙盖其面，刖削其足，雕刻其身，遍屈无辜，遍刑无罪，斯尤无道之至甚者矣。"② 澳大利亚女性主义者格里尔则把女性称之

---

① 谭兢常，等. 英汉妇女与法律词汇释义 [M]. 北京：中外翻译出版社，1995：149.

② 康有为. 大同书 [M]. 长春：吉林出版集团股份有限公司，2017：88 - 89.

第四章 两性和解的基本原则和根本途径

为被囚禁于男权主义的精神牢笼，逐渐丧失了原有活力的"女太监"。长期以来，性别压迫对于广大妇女而言是最直接的压迫和束缚，因此，要使两性关系和解，首当其冲的是要消除性别压迫，使男女双方享有平等的权利和地位。只有这样，才能确保女性不再受到压迫和残害，男女能够平等地交流合作，从而为形成合理的两性关系奠定基础。

男女平等还有利于促使男女都转向人的复归。一方面，男女平等是促进妇女全面发展的重要条件。历史上妇女的才能被束缚，性格被压抑，根本原因就在于私有制以及在此基础上形成的父权制制度和文化。要促进妇女解放和全面发展，关键在于重构两性关系的合理制度规范。当然，既不能是女性压制男性的性别制度，历史上曾经有妇女统治的母权制，但它遭到了男性无情的革命和推倒；也不能是男性压制女性的性别制度，它正在因为自身的不合理性遭遇瓦解和坍塌。人类文明需要的是男女平等的性别制度和性别文化。男女平等是妇女全面发展的必要条件，是近代以来人类发展孜孜以求的重要目标。另一方面，男女平等也是男性解放的必然要求。男女平等使男性摆脱压迫者、剥削者、统治者的地位和角色，卸下所谓的"养家糊口"的沉重的责任包袱，回归真正的人的本质，实现真正自由的发展。在现代文明社会中，男女平等、性别平等是大多数人的意志和愿望，是人类文明进步不可逆转的趋势和规律，妇女解放事业发展的最基本的目标是男女平等。一个国家、一个民族、一个社会，是否正在顺应人类文明进步的潮流前进，一个非常直观的观测点就是看其是否在努力推进男女平等的事业。

国际社会比较认同的实现男女平等的理念和路径是社会性别主

流化。1997年6月,联合国经济及社会理事会给社会性别主流化下了定义:"所谓社会性别主流化是指在各个领域和各个层面上评估所有有计划的行动(包括立法、政策、方案)对男女双方的不同含义。作为一种策略方法,它使男女双方的关注和经验成为设计、实施、监督和评判政治、经济和社会领域所有政策方案的有机组成部分,从而使男女双方受益均等,不再有不平等发生。纳入主流的最终目标是实现男女平等。"社会性别主流化,就是要消除现有的男女不平等和防止产生新的男女不平等,使男女双方能够在公平公正的社会环境中生存发展。

三、两性和谐共生是两性和解的更高要求

纵观马克思恩格斯对两性辩证统一性的阐述和两性对立冲突的深刻批判,两性和谐共生也是马克思恩格斯两性关系思想的题中应有之意。两性和谐共生是两性关系和解的更高要求。男女平等侧重于解决两性之间的根本利益的冲突,两性和谐共生侧重于构建两性之间的同一性,以人类社会的有计划、有意识的能动的方式促使两性相互依存、相互尊重、相互关怀、相互理解。权利平等作为人与人之间外在冰冷的连接,往往不会增进人们之间的情感,甚至会导致人与人之间相互疏离。过去,人们只强调男女平等而忽视了两性和谐共生的重要思想,结果在实践中出现了男女越来越平等,但也越来越疏远的状况。实际上,马克思恩格斯反对男女对立的二元思维和男性统治逻辑,不仅认为两性之间应当实现男女平等,而且应当实现两性和谐共生。

第四章 两性和解的基本原则和根本途径

马克思为揭示性别和谐的本质和内涵，分别从人类学、劳动论以及历史学三个维度对性别和谐问题展开了阐释。马克思坚持以人为本，强调"人的根本就是人本身""人是人的最高本质""人是一切社会关系的总和"。马克思认为人的自我存在的确证是在人与他人、人与对象的关系中实现的，真正的性别和谐是建立在男人和女人相互成为人，也把自己理解为人的基础上，并且男人和女人在这种相互关系中也确证自己是人，是作为人的一种表现与实现形式。因此，从两性关系中可以判断人的教养程度，那种侮辱和压迫妇女的两性关系是人性的退化。马克思还指出，在劳动产品的交换中发生了双重肯定，即你享用我的产品，承认了我的存在，我享用了你的产品，承认了你的自我存在。基于此，男女之间的性别和谐也表现在分工、协作和交换之中。男人和女人建立在自然性别差异上的产品生产和人口生产的分工，产品的相互交换与享用同时也是彼此对对方作为人的存在的肯定。马克思还认为对人的本质的复归的诉求要做到"……给予每个他或她作为人类个体应有的尊重，并且阻止一切将会有损人的尊严或自尊的状况（例如，自由的不平等，或财富的极端不平等）"[①]。在马克思看来，性别和谐将在共产主义的历史运动过程中得以实现，"共产主义是对私有财产即人的自我异化的积极的扬弃，因而是通过人并且为了人而对人的本质的真正占有……这种共产主义，作为完成了的自然主义，等于人道主义，而作为完成了的人道主义，等于自然主义，它是人和自然界之间、人和人之间的矛盾的真正解决，是存在和本质、对象化和自我确证、自由和必

---

① 马克思恩格斯选集：第1卷[M]. 北京：人民出版社，1995：227.

然、个体和类之间的斗争的真正解决。"① 共产主义意味着两性之间对立冲突的解决。

恩格斯在《家庭、私有制和国家的起源》中分别从生产、阶级、爱情和历史四个维度阐释了性别和谐问题。恩格斯认为，两性之间的关系的变化，是由男人和女人在"人口生产"与"物质资料的生产"两个生产中的地位决定的，性别和谐要求实现分工和生产的公平合理，那就是妇女有机会参加社会劳动生产，个体家庭不再作为社会的经济单位，家务劳动社会化和孩子养育社会化。在恩格斯看来，性别的对立冲突是和阶级的对立冲突同时发生的，又相互交织、相互作用，要解决性别的对立冲突，实现性别和谐，必然要求解决阶级的对立冲突。恩格斯阐述性别和谐与不和谐还有一个非常重要的逻辑视角，那就是爱情的视角。恩格斯认为，建立在私有制基础之上的婚姻实质都是考虑利益关系的，是依赖于经济基础的，爱情不在婚姻之中，爱情和婚姻的不一致，是导致两性冲突的一个重要原因，性别和谐的重要标志是克服爱情与婚姻之间的矛盾，从而达到二者的统一，才能真正实现一夫一妻制的家庭。恩格斯从历史发展的维度指出，要达到性别和谐的状态，需要具备两个物质条件：其一，是男女在生产上的地位平等；其二，是消灭私有制或消灭阶级关系，这就是未来的社会主义社会即共产主义社会。

综上所述，马克思所探索的"两性关系的更高级的形式"、恩格斯所探索的"资本主义生产行将消灭以后的两性关系的秩序"，应当是男女平等基础上的两性和谐共生。狭义的两性关系是指性爱、爱

---

① 马克思恩格斯文集：第 1 卷 [M]. 北京：人民出版社，2009：185.

情为基础的男女关系,广义的两性关系指男女的各种社会关系。马克思恩格斯两性关系思想是关于广义的两性关系的思想。无论是狭义的两性关系,还是广义的两性关系,两性和谐共生是指两性之间本质上应当是求同存异、相互依存、相互尊重、相互促进、优势互补、合作共赢、共同发展的新型性别关系形态,而不是相互对立、相互斗争、相互伤害、相互疏离的两败俱伤的不合理的性别关系形态。两性和谐共生的内涵主要包括以下五个方面:一是尊重性别差异;二是要求性别平等;三是主张性别自由;四是提倡性别共同发展;五是力求达到性别均衡。这五个方面是相辅相成、有机统一的。在马克思恩格斯看来,男女两性不仅要实现平等尊重的公平生活状态,还要实现和谐共生的幸福生活状态。所以,男女平等和两性和谐共生辩证统一,共同构成规范两性之间的社会关系的基本原则。总之,"两性和谐的状态应是自然的两性关系存在状态。……两性和谐意味着性别之间消除了对立,复归统一,两性成为紧密连接的联合体"①。

东北师范大学的胡晓红教授曾致力于研究两性和谐问题。在《两性和谐的哲学理解》一文中,她把两性和谐关系的历史演变划分为三个基本形态或三个基本阶段:人的依赖性时代群体本位的"依赖的和谐";人的独立性时代个人本位的"独立的和谐";人的自由个性时代类本位的"自由的和谐"。在"依赖的和谐"这个历史阶段,又可以划分为对称型的依赖关系和不对称型的依赖关系。在原始共同体中男女各尽所能、各司其职,共同为生存而合作和

---

① 李庭. 从"两性平等"到"两性和谐"[D]. 长春:吉林大学,2020.

相互依赖；从父权制时代开始，男性凭借体力获得优势地位，将女人禁锢在家庭作为需要男人供养的人，并从性别意识和性别制度上使女人接受自己的命运和男人的统治，女人对男人的依附和顺从化解了两性的对立和矛盾，从表面上看，两性关系仍然是"依赖的和谐"状态，但由于男女在现实中的不平等，不能算真正的和谐。"女人对独立的渴望与追求成为打破'依赖的和谐'的本质力量，这种力量与工业革命相结合，促成了两性和谐的第二形态的生成。"① "独立的和谐"是两性和谐发展的一个重大进步，它是建立在商品经济条件下，个人成为独立的人、具有人的本质的基础之上，意味着男女都从群体本位的人身依附关系和等级从属的关系中解放出来了。但这种个体本位的独立性又是建立在对物的依赖性的基础之上，对物的依赖使人自身本质出现物化和异化状态，因此，两性的"独立的和谐"在发展中必然要被自由个性时代类本位为基础的"自由的和谐"形态所代替。"'自由和谐'就是在二者统一的基础上建立起来的，它既保证了人的自由个性的实现，又不使两性之间产生压制、对立和冲突。因此，以人的类本位为基础而形成的'自由的和谐'，张扬的是男女两性的自由个性，是男女两性完成了的本质统一的存在状态，所体现的是男女两性内在统一的一体性关系。"② 胡晓红教授认为两性和谐发展是"人的自由全面发展"的基本特征。这些观点都是对马克思恩格斯两性和谐共生思想的重要继承和创新发展。

---

① 胡晓红. 两性和谐的哲学理解 [J]. 妇女研究论丛, 2005 (1): 9-13.
② 同①。

总之，规范和调节两性关系的基本原则应是男女平等和两性和谐共生的辩证统一。两性和谐共生的基础是男女平等，没有男女平等，不可能真正实现妇女解放和两性和谐共生，要么是男性欺凌女性给女性带来痛苦和压制，要么是女性欺凌男性给男性带来痛苦和压制。以性别不平等为基础的两性和谐只能是以压抑和损害性别关系中的一方为代价的两性和谐，只有以男女平等为基础的两性和谐共生才是真正的两性和谐共生，才有利于性别双方合作共赢、情感互信、共同发展。两性和谐共生是两性关系发展更高层次的价值目标和文明追求。

四、两性彻底和解的根本途径是实现共产主义

人类究竟如何才能消除两性关系的对立冲突和异化现象，实现两性关系的彻底和解呢？马克思恩格斯认为两性关系对立冲突、异化发展的根源是分工和私有制，因此，要实现男女平等基础上的两性和谐共生，促使两性关系达到彻底和解，根本途径是消灭不合理的分工和私有制，实现共产主义。

马克思在《1844年经济学哲学手稿》中对共产主义社会进行了初步地论证，勾勒了共产主义社会的基本图景："共产主义是对私有财产即人的自我异化的积极的扬弃，因而是通过人并且为了人而对人的本质的真正占有；因此，它是人向自身、也就是向社会（即人的）的复归，这种复归是完全的复归，是自觉实现并在以往发展的全部财富的范围内实现的复归。这种共产主义，作为完成了的自然主义，等于人道主义，而作为完成了的人道主义，等于自然主义，

它是人和自然界之间、人和人之间的矛盾的真正解决,是存在和本质、对象化和自我确证、自由和必然、个体和类之间的斗争的真正解决。"① 马克思认为,异化的存在导致各种矛盾对立,共产主义将扬弃异化,消除各种矛盾,实现人的解放和人性的复归,这其中必然包含解决两性之间的矛盾对立,实现两性关系的人性的复归。

在《共产党宣言》中,马克思恩格斯回应资产阶级的攻击,批判资产阶级把妇女看做单纯的生产工具,明确要消灭资本主义生产关系中产生的公妻制即正式的和非正式的卖淫,主张妇女得到尊重和平等权利,使人们最亲密的关系回归人自身。他们还明确表示,"共产主义并不剥夺任何人占有社会产品的权力,它只剥夺利用这种占有去奴役他人劳动的权力。"② 这意味着消灭一切剥削和压迫,包括性别之间的剥削和压迫。他们设想共产主义社会将实现每个人的自由发展,"代替那存在着阶级和阶级对立的资产阶级旧社会的,将是这样一个联合体,在那里,每个人的自由发展是一切人的自由发展的条件。"③ 在《资本论》第一卷中,马克思再次强调未来的共产主义社会将是"一个更高级的、以每一个个人的全面而自由的发展为基本原则的社会形式"④。马克思恩格斯提出的全面而自由的发展是"每个人"的全面而自由的发展,"每个人"是指所有的个人,而不是特指某一个阶级的人、某一个性别的人。而且"每个人"还是具体的、现实的个人,是发展的主体。"每个人的自由发展是一切

---

① 马克思恩格斯文集:第1卷 [M]. 北京:人民出版社,2009:185.
② 马克思恩格斯文集:第2卷 [M]. 北京:人民出版社,2009:47.
③ 同②,第53页。
④ 马克思恩格斯文集:第5卷 [M]. 北京:人民出版社,2009:683.

人的自由发展的条件"意味着消除了发展中的对立状态。因此，共产主义是两性关系和解，男女都能按照自己的兴趣和潜能充分发展自己的能力，实现全面而自由的发展，也是两性自由和谐的发展。

在《共产主义原理》中，恩格斯在回答"共产主义社会制度对家庭将产生什么影响"这个问题时，明确指出，"共产主义社会制度将使两性关系成为仅仅和当事人有关而社会无须干预的纯粹私人关系。共产主义社会制度之所以能实现这一点，是由于这种社会制度将废除私有制并将由社会教育儿童，从而将消灭迄今为止的婚姻的两种基础，即私有制所产生的妻子依赖丈夫、孩子依赖父母。"[1] 在恩格斯看来，共产主义社会两性关系将摆脱私有制的束缚而回归纯粹的私人关系。人类为了能够进行物质资料生产，结成了一定的生产关系，为了能够进行人自身的生产，结成了爱情婚姻家庭关系，男女平等和两性和谐共生体现在两种生产过程中。共产主义社会不仅会消除公共领域的阶级对立和性别对立，而且还会消除家庭领域的阶级对立和性别对立，真正推翻"使人成为被侮辱、被奴役、被遗弃和被蔑视的东西的一切关系"[2]，实现每个人的自由全面发展。

在《家庭、私有制和国家的起源》中，恩格斯推想消灭资本主义生产之后的两性关系的秩序，他认为消灭分工和私有制之后，人们在爱情婚姻上能够真正实现自由自主，无论男女都不会再出于经济利益来决定婚嫁，爱情和婚姻将达成一致，爱情真正成为婚姻的基础。而且，"随着生产资料转归公有，个体家庭就不再是社会的经

---

[1] 马克思恩格斯文集：第 1 卷 [M]. 北京：人民出版社，2009：690.
[2] 同①，第 11 页.

济单位了。私人的家务变为社会的事业。孩子的抚养和教育成为公共的事情;社会同等地关怀一切儿童,无论是婚生的还是非婚生的。"① 恩格斯反对传统西方哲学提出的女性缺乏理性、因而只适合从事家务劳动的毫无根据的谬论。他主张变革不合理的性别分工,认为"妇女的解放,只有在妇女可以大量地、社会规模地参加生产,而家务劳动只占她们极少的工夫的时候,才有可能,"② "妇女解放的第一个先决条件就是一切女性重新回到公共的事业中去;而要达到这一点,又要求消除个体家庭作为社会的经济单位的属性"③。妇女只有从家庭中走出来,参与丰富的社会生活,才可能实现潜能的开发和能力的全面发展,才可能真正实现自由和解放。因此,必须消灭不合理的性别分工。同时,马克思恩格斯强调要保护妇女,他们认为应禁止妇女从事任何夜工,也禁止她们从事对妇女较弱的身体有害的以及可能使她们受到有毒物质及其他有害物质影响的各种劳动。

两性和解的进程与实现共产主义的进程是高度一致的。在《德意志意识形态》中,马克思恩格斯深刻地指出,"共产主义对我们来说不是应当确立的状况,不是现实应当与之相适应的理想。我们所称为共产主义的是那种消灭现存状况的现实的运动。"④ 他们还强调,"'解放'是一种历史活动,不是思想活动,'解放'是由历史的关系,是由工业状况、商业状况、农业状况、交往状况促成

---

① 马克思恩格斯文集:第4卷 [M]. 北京:人民出版社,2009:89.
② 同①,第181页。
③ 同①,第88页。
④ 马克思恩格斯文集:第1卷 [M]. 北京:人民出版社,2009:539.

的。"① 人类从"必然王国"向"自由王国"过渡，正是在生产力发展的推动之下，消灭现存的不合理的各种社会关系，包括不合理的性别关系，真正构建起人人自由、平等、和谐的"自由人联合体"。在共产主义这个"社会财富极大丰富"的自由王国中，两性都进行自由的、有意识的社会活动，"任何人都没有特殊的活动范围，而是都可以在任何部门内发展，社会调节着整个生产，因而使我有可能随自己的兴趣今天干这事，明天干那事，上午打猎，下午捕鱼，傍晚从事畜牧，晚饭后从事批判，这样就不会使我老是一个猎人、渔夫、牧人或批判者，"② 从而必然消解了性别对立关系，使两性实现自由和谐的共同生命理想。

---

① 马克思恩格斯文集：第1卷 [M]．北京：人民出版社，2009：527．
② 同①，第537页．

第五章　马克思恩格斯两性关系思想的当代价值

　　长期以来，人们对两性关系问题最关注的是妇女解放和男女平等。无论是马克思主义妇女解放理论还是西方女性主义，解决的核心问题还是妇女解放和男女平等。理论是实践的先导，在马克思主义妇女解放理论和西方女性主义指引下的妇女解放运动的确取得了巨大的历史成就，妇女地位得到显著提升，男女平等的进程被不断推进。但实事求是地看，当下人类仍然面临着错综复杂的两性关系问题。"马克思的幽灵始终保持着通向几乎所有重大问题域的出场路径。"① 要更好地解决两性之间的对立冲突，合理地规范两性之间的社会关系，还得回到马克思恩格斯两性关系思想中去挖掘智慧和探寻真理，并不断推进马克思恩格斯两性关系思想中国化。

---

① 任平. 当代视野中的马克思［M］. 南京：江苏人民出版社，2003：283.

一、当代社会两性关系的主要矛盾及其影响

阶级对立和性别对立是文明社会长期存在难以解决的矛盾和问题。性别对立是在私有制和阶级对立的基础上产生，私有制和阶级对立不消除，性别对立也难以消除。妇女解放运动对改善两性关系起到了积极推动作用，使两性在商品经济时代按照男女平等的原则走向了"独立的和谐"，妇女生存发展的社会环境得到不断优化。但由于私有制和男权思想在一些人的头脑中根深蒂固，当代无论是资本主义社会还是社会主义社会，两性的对立冲突仍然是主要的社会问题之一，并且对社会和谐安定、文明进步产生明显的负面影响。

（一）男女不平等问题

在妇女解放运动之初，男女不平等毋庸置疑是指男性对女性的压迫和欺侮。随着妇女解放运动的推进，一些崛起的女性由于地位和观念的变化，也在制造女性对男性的性别压迫和欺侮。这种趋势值得关注和研究，在推动男女平等的进程中应当防止新的性别不平等产生。当然，总体而言，占主流的男女不平等问题还是女性遭受性别压迫和性别歧视。男女不平等问题仍然是当今世界普遍面临的突出问题。

2019年12月17日，瑞工智库"世界经济论坛"发布的《2020年全球性别差距报告》指出，全球仍有31.4%的性别差距有待缩小，性别差距最大的是政治赋权。报告预测人类彻底消除性别差距至少还需一百年。联合国妇女署发布的《北京会议召开25周年妇女权利

评估》指出，在近二十几年的发展过程中，不到60%的女性进入劳动力市场，而且妇女的平均工资比男性低16%；女性持续承担着大部分的无偿照料工作和家务劳动；1/5的女性（约18%）遭遇家庭暴力，还有超过3000万的女童无法正常接受教育。一些地区、一些国家的旧习俗与宗教制度严苛地限制甚至迫害女性，如非洲地区的割礼、阿拉伯地区虐待妇女的习俗。世界范围内的不平等问题、种族歧视问题、公共卫生安全问题、暴力冲突问题等严重制约着性别平等的发展进程。总之，世界范围内的男女不平等状况表明，两性关系的合理调节仍然任重道远。

资本主义国家在经历了三次女性主义思潮和运动的大发展之后，性别平等的事业陷入发展的困境，甚至不可遏制地出现倒退。美国已逝的大法官金斯伯格一生都在为改变性别歧视而努力，但她坎坷沧桑的一生也恰好折射了美国顽固的性别歧视。《2018年美国的人权纪录》和《2018年美国侵犯人权事记》中谈到美国的"性别歧视触目惊心"：性骚扰和性侵犯频发、女性遭受暴力侵犯、男女薪酬差距显著、职场歧视普遍存在、女性对社会地位的不满情绪高涨。韩国电影《82年生的金智英》则反映了亚洲资本主义国家女性的生存困境：她们遭遇职场歧视、不得不忍受薪酬的性别差异，一旦生育孩子就被迫离开职场，并往往被人们视为依附型的"寄生虫"。资产阶级对无产阶级的阶级压迫和男性对女性的性别压迫是资本主义私有制下必然长期存在的两大社会问题。不消灭资本主义私有制，就不可能达到真正的男女平等，也不可能根除性别压迫、性别歧视。

正如马克思恩格斯所预测的，社会主义社会具有推进妇女解放和男女平等的制度优势。如在中国，执政的中国共产党把妇女解放

第五章 马克思恩格斯两性关系思想的当代价值

和男女平等写在自己奋斗的旗帜上,把男女平等作为国家的一项基本国策,制定了一系列法律法规来消除性别不平等,保障妇女的合法权益。但社会主义社会终究是从旧社会的母体中孕育而生的,旧的性别压迫的文化观念和社会风俗并不容易根除,男权的社会性别意识具有相对独立性和改变的滞后性,往往根深蒂固地影响着新时期两性之间的社会关系。一方面,妇女的地位显著提高,男女平等的社会文明基本形成;另一方面,不平等的两性关系在政治、经济、文化、教育、家庭、社会、人口出生性别比等多个方面都客观存在。在政治领域,中国女性难以进入政治主流,中国女性党员、女性人大代表、女性政协委员都仅仅占25%左右。在经济领域,中国女性可能要面对就业性别歧视、晋升性别歧视。在家庭领域,中国女性还独自承担着大部分的家务劳动,"丧偶式婚姻""丧偶式育儿"的现象比比皆是。总之,社会主义社会的现状是男女平等和男女不平等并存。

由上可见,当今的世界仍然还是男性主导的世界。我们不能从个别方面看到女性待遇已经改善,就得出整体上女性已经与男性平等的结论;更不能因为看到女性地位有所提升,就认为女性已经获得完全解放。男女不平等既是当代社会存在的主要问题,也是当代社会发展的主要障碍。继续推进社会变革,消除男女不平等,是两性关系趋向合理化的必然要求。当然,同时应当警惕刻意弱化或贬低男性,将男女置于对立形态的社会现象。社会的和谐发展需要基于人人平等、和谐共生的两性关系的建构。

（二）男性侵犯妇女合法权益的违法犯罪问题

尽管新闻媒体中偶有报道女性侵犯男性合法权益的事件，但这种事件发生的概率相对是低的。相比之下，男性侵犯妇女合法权益的违法犯罪案件频频发生，令人忧心。

男性家暴女性的问题通常反映了男性的父权制意识和"大男子主义"思想。一些男性不是把女性当作人来平等对待，而是当作属于他的一个工具、一个物品。对女性有极强的占有欲、控制欲，家庭暴力往往由此发生。

男性侵害女性的恶性案件从未停止。由于缺乏两性和谐共生的教育理念，青少年恶性案件也频繁发生，未成年女性被性侵的案件也频发。2020年，某公司董事长王某华涉嫌猥亵未成年女童，上海普陀区人民法院一审判决王某华有期徒刑5年。据最高人民检察院官网发布的信息，2020年的前三个月，涉及性侵未成年人的案件涉事人员达到4 151人，同比上升2.2%。这些数据还仅仅是被立案审理的。性骚扰也是严重威胁女性生存发展的社会问题。据联合国有关数据统计显示，全球有35%的女性都曾经历过身体或语言的性骚扰，绝大多数都是男性凭借金钱、权势、职位、身体优势对女性实施性骚扰。

网络加剧了侵犯妇女权益的违法犯罪现象。男性是实施暴力侵害女性的主体。2020年7月，成都一14岁女孩被某企业老板在网上诱骗，遭到威胁强奸，怀孕后流产，继而抑郁自杀。针对女性情感和经济诈骗的套路，是在女性经济独立和经济实力增强的新形势下，有些心术不正的男性对女性实施的新的违法犯罪形式。

男性侵犯女性合法权益的行为往往会受到相应的法律制裁，实质上这是一种两败俱伤的非理性行为。一方面，这种行为反映了男性的素质不高。男性出于利益、情感、权力欲望、生理需要等目的，侵犯女性的合法权益，是"兽性对人性的胜利"。另一方面，这种行为反映了男女平等的效用边界。事实表明，男女平等的进步也难以遏制男性侵犯女性合法权益的违法犯罪行为屡屡发生。在推进男女平等进程的同时，必须要以严刑峻法惩治侵犯女性合法权益的违法犯罪行为，同时必须要构建两性和谐共生的性别文化和社会道德文明。

（三）爱情、婚姻、家庭、生育问题

男女不平等、侵犯女性合法权益的违法犯罪行为是两性之间比较尖锐的对立冲突。当代社会，两性之间的非对抗性矛盾也越来越影响到社会的协调持续发展。非对抗性矛盾是指矛盾的性质不像上面提到的违法犯罪活动那么尖锐对立，但又不是相互依存、相互尊重、相互支持、团结友爱的和谐状态，主要表现为两性之间在情感、婚姻和家庭等方面的隔阂、排斥、疏离、对立、冷漠的状态。有时，非对抗性矛盾也很可能转化成对抗性矛盾，导致男女两败俱伤。

当代社会两性之间在亲密关系的构建上越来越难。西方社会近期的研究发现年轻人不但结婚生子的时间越来越晚，连性生活也越来越少。媒体和学者用"低欲望社会"和"无性症候群"来形容这个现象。这个现象在日本韩国等国家也很明显。2017年，日本的国立社会保障与人口问题研究所通过对18~34岁的适婚青年调查发现，69.8%的男性及59.1%的女性处于长期单身状态，其中各有半数表示并不想脱单。另外，平均42%的未婚男性（35～39岁为26%）和44.2%的未婚女性（35～39岁为33.4%）从未有任何性经验。换言之，在低欲望时代里，日本人不只是不想结婚，其实他们连谈恋爱都不想，盛行独身主义。2019年，日本NHK（日本广播协会）公布了一份关于日本人结婚倾向的最新调查结果。调查显示，只有27%认为"结婚是理所当然的"，回答"可以不结婚"的占68%；认为"即使结婚，也可以不要孩子"的占60%；30～39岁年龄段接受终身不婚的比例最高，达到88%。不恋爱不结婚，相应地就是不生育孩子，所以日本社会的少子化问题一直未能得到解决。韩国也在经历着类似日本的变化，2020年，韩国人口甚至出现了负增长。中国的青年两性之间也出现结婚率低生育率低的发展趋势。已有研究认为，导致低欲望社会的宏观因素可能是社会经济不景气、竞争压力引起心理焦虑、社会文化的变化（如婚姻对年轻人吸引力降低）等，微观层面可能与恋爱婚姻关系的缺失、经济收入降低、玩电子游戏的时间、与父母同住等相关。这也就是说，现代社会的生产方式和科技发明极大地改变了人们的两性关系，归根结底，是资本造成了人类两性关系的异化形态。

上述现象的实质问题是两性关系的非对抗性矛盾日益凸显。男女两性构成一个矛盾，矛盾双方的斗争性和同一性是辩证统一的。斗争性是无条件的、绝对的，不仅体现在两性之间竞争的客观存在、利益的对立冲突，而且体现在身心差异、价值观念分歧等生理和文化方面；同一性是相对的、有条件的，不仅体现在利益方面的合作共赢，而且体现在性格方面的求同存异、优势互补，情感方面的相互关爱、心灵安慰，理想方面的志同道合、共同创造等文化现象上。

当斗争性占据主导地位，且这种斗争性挣脱了伦理道德的束缚、制度的限制时，两性关系就容易走向对立、冲突、冷漠、隔离；当同一性占主导地位时，两性关系才能走向和谐共生。当代社会造成两性之间分离对立的因素越来越复杂，两性之间的同一性在不断弱化，这将严重侵蚀爱情婚姻家庭生育的情感基础，继而引发各种相互影响、相互作用的社会问题，如结婚率生育率下降，离婚率攀升，人口老龄化问题凸显，社会劳动力供给下降，心理问题的患者增多，等等。作为人类社会最基本的两性关系，深刻影响着整个人类文明。

（四）卖淫、嫖娼问题

法国哲学家米歇尔·福柯曾指出："欲望存在之处，权力关系早已存在。"[①] 卖淫嫖娼是两性关系的阴暗面，由于私有制和社会不公平的客观存在，卖淫嫖娼一直是社会文明难以割除的毒瘤。尽管很多国家已经出台了严厉的禁止卖淫嫖娼的法律规定，但迄今为止世界上绝大多数国家仍然存在卖淫嫖娼的现实问题。

在资本主义国家中，如德国、荷兰、瑞士等，卖淫的色情业曾经是完全合法的，甚至美其名曰是性工作者的合法工作。但这些国家现在也开始出现"U"形转弯。以欧洲"性都"荷兰首都阿姆斯特丹为例，合法化初衷是让性产业真正走上良性轨道，但事与愿违。随着欧盟扩大，东欧"女郎"成为"性都"的"主力军"，红灯区犯罪活动日益猖獗，许多"工作室"卷入洗钱、偷税、贩毒、人口

---

① 米歇尔·福柯. 性史：第 1 卷 [M]. 张廷琛，等译. 上海：上海科学技术文献出版社，1989：79.

走私、凶杀、逼迫卖淫等违法犯罪活动。连荷兰人自己都承认，性产业合法化是一个"失败的社会实验"。美国绝大多数州法律规定卖淫嫖娼违法，芝加哥等多地警察甚至将嫖客信息在网上公开，让其见不得人；英国法律认定开妓院犯罪，经营者最高可判7年；法国依法可对嫖客处以1年监禁和1.5万欧元的罚款。即便如此，各国卖淫嫖娼的现象仍然难以根除。

中国共产党作为无产阶级政党，对卖淫嫖娼一贯是坚决反对的。中华人民共和国成立初期，在中国共产党和各级人民政府领导下，废娼运动在全国范围内成功进行。这项运动废除了几千年的娼妓制度，并且将"旧社会"遗留下来的妓女改造成自食其力的"新人"，真正解放了旧社会处在最底层的女性。

当代社会，在一些人看来，卖淫并不是深恶痛绝的事，反而是社会中不可缺少的事。为卖淫嫖娼正名的人，主要举出了三个方面的理由：其一，人的性需求是不可能根除的；其二，性交易的自由也是一种自由，不应当被干涉和禁止；其三，也是最无耻的理由，就是认为一些女性天生就喜欢卖淫。其实都是一些站不住脚的理由。人之所以是人，就在于人的生理需要要通过文化的方式得到满足。人的性需求可以通过婚姻家庭等符合法律和道德的方式来得到满足，性交易的自由并不符合人类文明发展的趋势和规律，是对女性自由权利的侵犯，而且会引起男性的道德败坏，社会风气的恶化，因此，是一种对社会文明有害的自由，应当被禁止。不仅如此，在世界绝大多数国家，色情业是一项处于灰色状态的"有毒产业"，会诱发洗钱、贩毒、人口走私、凶杀、逼迫卖淫等多项违法犯罪活动，没有哪个国家会允许它恣意发展，破坏社会风气。

第五章　马克思恩格斯两性关系思想的当代价值

要想理顺两性关系，必须消除卖淫嫖娼的行为。女性卖淫是对女性整体尊严的一种可悲的降格，男性嫖娼是满足了男性的性自由，却对卖淫女子和自己家中的妻子造成极大的侮辱，为两性关系蒙上了阴影。可见，要发展合理的两性关系，还需要摒弃很多已经腐朽过时的观念，消除很多过去认为是合理的，但现在不应当继续存在的丑恶现象。

综上所述，当代社会的两性关系是非常复杂的形态。两性关系的进步主要体现在世界各国推动妇女解放和男女平等的进程，性别平等程度有所提升，女性作为独立的个体才能得到一定程度上的自由发展。两性关系的对立矛盾主要体现为男女不平等问题、男性侵犯女性合法权益的违法犯罪问题、爱情、婚姻、家庭、生育问题以及卖淫嫖娼问题，这些问题都是严重影响社会和谐安定、种族繁衍生息的重大社会问题。两性关系的合理调节和优化发展是社会文明进步的迫切要求。可以说，哪个国家的性别文明发展走在时代前列，哪个国家就有可能占据人类文明发展的制高点。实践是检验真理的唯一标准，两性关系的现状表明，我们对两性关系问题的认识和探索还相当浮浅。妇女解放理论可以促使妇女得到解放，男女走向平等，但很显然，该理论忽视了两性之间的同一性构建问题和平等的两性如何和谐共生的问题。因此，我们不能停留在以妇女解放理论来指导两性关系的实践上，"马克思的幽灵始终保持着通向几乎所有重大问题域的出场路径。"[①] 还要更好地解决两性之间的对立冲突，合理地规范两性之间的社会关系，还得回到马克思恩格斯两性关系

---

① 任平. 当代视野中的马克思 [M]. 南京：江苏人民出版社，2003：283.

思想中去挖掘智慧和探寻真理。

二、马克思恩格斯两性关系思想的理论价值

实践表明，人类在对两性关系的认识和实践上还存在很多不足和局限。要解决两性关系的主要矛盾，离不开科学理论的正确指导。以马克思恩格斯两性关系思想来指导解决两性关系问题，人类才能最终实现妇女解放和性别平等、性别和谐的发展形态。马克思恩格斯两性关系思想具有十分重要的理论价值和实践价值，值得我们去关注和研究。

（一）提出两性关系的理论命题

在社会结构中，男女两性之间的关系是历史最久远、影响最普遍的一种社会关系，它渗透和体现在经济社会生活的各个方面，对社会发展起着重要的作用。两性关系问题是对人类社会发展的影响非常广泛的基本问题，但长期以来，人们并没有重视两性关系问题的理论研究和实践探索。

马克思早在《1844年经济学哲学手稿》中就已经阐述了两性关系问题的重要性，"人对人的直接的、自然的、必然的关系是男人对妇女的关系。"[1] 马克思认为，两性关系是判断人与人的关系、人的合乎人性的需要、人的社会属性的重要参数或尺度之一，两性关系也是男人和女人确证自己是人、确证对方是人的一个重要方面。马

---

[1] 马克思恩格斯文集：第1卷 [M]．北京：人民出版社，2009：184．

第五章 马克思恩格斯两性关系思想的当代价值

克思从理论的层面深刻阐述了两性关系具有的世界历史意义。在《资本论》中,马克思指出,"由于大工业使妇女、男女少年和儿童在家庭范围以外,在社会地组织起来的生产过程中起着决定性的作用,它也就为家庭和两性关系的更高级的形式创造了新的经济基础。"① 在这里,马克思所提到的"家庭和两性关系的更高级的形式"实质是男女平等的家庭和两性关系的形式。在《摩尔根〈古代社会〉一书摘要》中,马克思认为家庭会继续发展,"关于现代的一夫一妻制家庭……它还能更加改善,直到达到两性间的平等为止。"②

恩格斯在《家庭、私有制和国家的起源》中指出,"我们现在关于资本主义生产行将消灭以后的两性关系的秩序所能推想的,主要是否定性质的,大都限于将要消失的东西。"③ 在恩格斯看来,未来的社会将否定资本主义的不合理的两性关系,形成新型的平等合理的两性关系的秩序。恩格斯还认为,"只要妇女仍然被排除于社会的生产劳动之外而限于从事家庭的私人劳动,那么妇女的解放,妇女同男子的平等,现在和将来都是不可能的。"④

以上论述表明,马克思恩格斯提出过两性关系的理论问题,并在理论和实践两个层面探索两性关系的合理形式或秩序。同一时期,英国著名的哲学家、历史学家约翰·斯图尔特·穆勒(以下简称穆勒),在他出版的《妇女的屈从地位》的第一章中写道:"我确认,

---

① 马克思恩格斯文集:第5卷[M].北京:人民出版社,2009:563.
② 马克思·摩尔根《古代社会》一书摘要[M].北京:人民出版社,1965:45.
③ 马克思恩格斯文集:第4卷[M].北京:人民出版社,2009:96.
④ 马克思恩格斯文集:第1卷[M].北京:人民出版社,2009:181.

规范两性之间的社会关系的原则——一个性别法定地从属于另一性别——其本身是错误的,而且现在成了人类进步的主要障碍之一。"① 在这里,虽然穆勒主要批判男女不平等的两性之间的社会关系的原则,但根据穆勒的观点,"规范两性之间的社会关系的原则"是关系人类进步的一个重大问题,这与马克思恩格斯提出的两性关系的形式或秩序的思想实质是一致的,有着内在的相通性,而且都强调要男女平等,要合理地规范两性之间的社会关系。"两性关系的更高级的形式""两性关系的秩序""规范两性之间的社会关系的原则",三位思想家都直指人类社会发展的一个重大问题,即重视探索两性关系的发展规律问题。

与穆勒根本不同的是,马克思恩格斯科学运用唯物辩证法和唯物史观,在马克思主义理论体系的基础上研究两性关系的发展规律问题。马克思恩格斯并不是将两性关系问题从社会问题中抽象出来单独研究,而是始终联系妇女解放、婚姻家庭、阶级社会、经济基础、政治法律、意识形态、国家等社会发展的重要因素来分析和考察两性关系问题。基于此,我们认为马克思恩格斯两性关系思想实际上包含了马克思恩格斯妇女解放理论、马克思恩格斯爱情观、马克思恩格斯婚姻观、马克思恩格斯家庭观、马克思恩格斯两性观等思想内容,内涵极其丰富,阐明了两性关系问题的重要性、两性的辩证统一性、两性的对立冲突及其和解路径等基本理论问题,是认识和解决两性关系问题的科学指南。

---

① 约翰·斯图尔特·穆勒. 妇女的屈从地位 [M]. 汪溪, 译. 商务印书馆, 2011: 285.

第五章　马克思恩格斯两性关系思想的当代价值

马克思恩格斯提出的两性关系理论命题总是被妇女解放理论命题所遮蔽。这是由特定的历史条件和历史背景决定的：其一，两性关系中妇女是受压迫者，是革命的力量；第二，各国马克思主义者急切地需要从马克思恩格斯的思想体系中抽取出马克思恩格斯妇女解放理论，用以指导无产阶级妇女解放运动，以助推无产阶级革命运动。所以，近代以来的无产阶级革命运动在考察两性关系的时候，一致认为妇女解放和男女平等就是全部的理论和实践。实践表明，妇女解放理论具有科学性真理性，但对于解决两性关系问题还具有局限性。两性关系是对立统一的矛盾关系，妇女解放和男女平等是解决了矛盾双方的不平等问题，但两性之间的对立还有很多复杂的现象，两性之间的同一性还需要人的主动建构。而且由于妇女解放理论被作为处理两性关系的唯一理论，和马克思主义的爱情观、婚姻观、家庭观处于割裂的状态，引起妇女解放的实践出现了很多意想不到的问题。如妇女解放与婚姻家庭对立，妇女解放出现女权与男权的对立，妇女解放与个人主义、利己主义勾连等。实践表明，妇女解放理论难以担当起构建"两性关系的更高级的形式或秩序"的历史重任。

马克思恩格斯两性关系思想体现了对两性关系问题的整体性关照，具有理论的科学性、辩证性、人民性、实践性等显著特征。两性关系实际上体现在两性之间的生产关系、阶级关系、权利关系、爱情、婚姻、家庭关系等关系中。把马克思恩格斯妇女解放理论、马克思恩格斯爱情观、马克思恩格斯婚姻观、马克思恩格斯家庭观、马克思恩格斯两性观等思想内容融合成一个整体，构建起马克思恩格斯两性关系思想，体现了理论逻辑、实践逻辑和历史逻辑的辩证统一性。妇女解放并不仅是妇女自身的解放问题,实质还是两性关系调整变革的问题。在这个过程中,必须同时注意处理好两性之间的多种关系,以优化两性关系的形态。所以,从理论和实践两个层面来看,马克思恩格斯妇女解放理论都是马克思恩格斯两性关系思想中的一个重要组成部分,两性关系思想体系涵盖了妇女解放理论,又旨在探求合理的两性关系的形式或秩序,以两性都满意的原则来规范两性之间的社会关系。

实质上,马克思恩格斯提出的两性关系理论命题具有本体论意义,是解决人类社会中最基本的两性关系问题的重要理论命题。马克思恩格斯对两性关系的形式或秩序的探索,不仅提出了妇女解放、男女平等的基本原则,还蕴含着不容忽视的两性和谐共生的深刻思想。妇女解放、男女平等并不能有效地构建两性之间的同一性,也不能解决两性之间一些特殊的矛盾对立,两性和谐共生是消除两性之间疏远、隔离、对立、冲突的异化发展形态的必然要求。全面深入地认识和掌握马克思恩格斯两性关系思想及其当代价值,对促进妇女全面自由发展、解决两性之间的对立冲突、构建男女平等基础上和谐共生的两性关系和社会主义和谐社会,具有重要而又深远的意义。

(二) 变革对妇女问题和两性关系问题的理论研究

以马克思恩格斯两性关系思想来看待两性关系问题,有利于纠正人们长期以来形成的关于两性关系问题的片面认识,从而可以使关于妇女问题的理论研究自觉地置于两性关系的逻辑框架之中,更好地在实践基础上探索"两性关系的更高级的形式或秩序"。"两性关系的更高级的形式或秩序"从理论上讲包含了妇女解放的全部诉求。

第一，走出西方女性主义性别压迫的研究窠臼。西方女性主义对近代妇女解放和男女平等做出了不可否认的贡献。但由于自身的阶级局限和认识局限，西方女性主义指责马克思恩格斯的研究只有阶级视角，缺乏性别视角。马克思恩格斯的研究不仅有阶级视角而且也有性别视角，只不过马克思恩格斯认为，阶级压迫是性别压迫的基础，解决阶级压迫就能解决性别压迫。实践证明马克思恩格斯的观点是正确的。由于西方女性主义代表中产阶级妇女，对社会制度的问题无法解决，它们往往把性别压迫作为妇女受压迫的主要根源，甚至提出要与男性决裂，不要婚姻和家庭。这种观点并不能揭示妇女受压迫的本质，而且造成实践中女性对男性的仇视和新的性别对立冲突。如果"抛开西方女权运动发生的西方历史背景，直接以女权主义话语解释我国妇女受压迫的历史与现实根源，并且抛开中国的具体国情，必然造成水土不服"[①]。以马克思恩格斯两性关系思想为指导，就要辩证地看待西方女性主义，增强文化自信，坚持取其精华、去其糟粕，以我为主、为我所用。

第二，进行马克思主义妇女解放理论、爱情观、婚姻观、家庭观的整合研究。两性和谐共生尤其体现在爱情、婚姻和家庭上。妇女解放的过程决不是要抛弃和弃绝爱情、婚姻和家庭，而是使爱情、婚姻和家庭回归其本质，带给人安全感、幸福感、获得感，满足人

---

① 金卓. 改革开放以来我国妇女解放的历程与思想发展 [J]. 马克思主义研究, 2019 (11): 103–110, 135.

们的美好生活需要。我国青年男女恋爱、婚姻、家庭、生育等状况不尽如人意，并没有体现出社会主义制度对人类爱情、婚姻、家庭发展的制度优势，与两性和谐共生的文明形态发展要求是背道而驰的。应当重视对青年开展马克思主义妇女观、爱情观、婚姻观、家庭观的宣传教育。所以，要坚持马克思主义妇女观的综合性研究，将之与马克思主义爱情观、婚姻观和家庭观结合起来进行全面系统的研究。学界单方面的研究成果比较丰富，但把几个方面综合起来进行研究的成果还比较薄弱。所以，加强对马克思主义妇女观、爱情观、婚姻观、家庭观的综合性研究，揭示妇女解放和爱情婚姻家庭的内在联系和发展规律是一项很有意义的工作。

第三，重视两性和谐共生的理论研究。理论界关于妇女解放和男女平等的研究已经汗牛充栋。但马克思恩格斯两性关系思想强调规范两性关系的基本原则是男女平等和两性和谐共生的辩证统一。两性和谐共生的理论研究具有重要的理论意义和现实意义。需要深入研究两性和谐共生的哲学依据，研究两性对立冲突的根源，研究化解两性对立冲突的有效途径，研究两性和谐共生的历史意义。

第四，关注男性解放的理论研究。在妇女解放的历史背景下，男性的生存发展状况如何？男性需不需要解放？男性解放的内涵和意义是什么？男性解放对妇女解放和两性关系的调整能起到什么作用？男性如何进行解放？以马克思恩格斯两性关系思想为指导，还要注重研究男性解放的一些基本问题。男性解放和妇女解放如鸟之双翼、车之双轮，能共同推进人类解放的伟大进程。

（三）确立研究两性关系问题的基本方法和原则

正如恩格斯所说："马克思的整个世界观不是教义，而是方法。它提供的不是现成的教条，而是进一步研究的出发点和供这种研究使用的方法。"① 马克思恩格斯两性关系思想的理论价值不仅在于提供了关于两性关系问题的基本观点、基本论断，而且在于提供了进一步研究的出发点和供这种研究使用的科学方法。

整个马克思主义的世界观和方法论是马克思恩格斯研究两性关系问题的理论基础和方法基础。这使得马克思恩格斯在这个领域的研究不是浅尝辄止，而是能够有"独到的发现"。具体来讲，马克思恩格斯研究两性关系问题的基本方法是唯物辩证法、历史唯物主义和唯物辩证的认识论。

马克思恩格斯坚持以唯物辩证法来研究两性关系问题。有学者认为，"将性别关系从阶级、国家、家庭等范畴中抽象出来，进行专门的、相对独立的研究，是马克思主义性别研究的一个逻辑起点。"② 这里的"马克思主义性别研究"从上下文来看实质上是指"马克思恩格斯性别研究"。其实，这与马克思恩格斯对性别关系问题研究的实际情况是不太符合的。马克思恩格斯坚持唯物辩证法的基本观点和方法，始终从两性关系运动发展的实际情况出发，将两性关系问题置于家庭、阶级社会和国家发展的整个历史进程中去考察，揭示两性关系的客观的运动变化规律。在马克思恩格斯看来，

---

① 马克思恩格斯文集：第10卷 [M]．北京：人民出版社，2009：691．
② 岳素兰，魏国英．中国特色社会主义妇女理论研究 [M]．北京：北京大学出版社，2014：33．

两性关系并不是一种抽象孤立的社会关系，而是由生产关系和阶级关系决定并表现在爱情关系、性关系、婚姻家庭关系等丰富的关系形态中。分工和私有制导致性别压迫和阶级压迫在历史上几乎同时出现并相互交织作用，使女性在两性关系中长期处于被压迫地位和从属地位。马克思恩格斯研究两性关系的根本目的是解决两性关系的对立冲突和探寻更合理的两性关系。

马克思恩格斯坚持以历史唯物主义来分析研究妇女问题和性别关系，取得了宝贵的理论研究成果。《家庭、私有制和国家的起源》是标志马克思恩格斯两性关系思想走向系统成熟的经典著作。恩格斯坚持从物质生活资料的生产和再生产出发，研究生产力的变化如何引起婚姻家庭形式的演变、妇女地位的演变、私有制的出现以及私有制为基础的阶级统治、国家的产生等。生产力决定生产关系，生产关系反作用于生产力。这一基本规律也支配着人类社会两性关系发展史。生产力的发展不以妇女意志为转移地推动父系社会取代了母系社会，性别压迫和阶级压迫在历史上同时产生，犹如孪生兄弟，相互作用、相互影响。随着生产发展到一定历史阶段出现的性别压迫，必将随着生产进一步发展而被消除，伴随无产阶级获得解放，妇女将获得彻底解放，两性关系将走向平等和谐。坚持历史唯物主义地考察妇女问题、两性关系问题，才能获得经得起历史考验、实践考验、人民考验的真理性认识。

马克思恩格斯坚持唯物辩证的认识论来研究两性关系问题。为了实事求是地反映资本主义制度下妇女生存状况和两性关系状况，恩格斯在《英国工人阶级状况》、马克思在《资本论》中，都有根据亲身观察获得的资料和搜集到的可靠材料对无产阶级男女的生活和工作进行的详细描述,还有关于无产阶级女性被迫卖淫的客观统计和分析,在此基础上揭示资本主义社会中资产阶级男性对全体女性的压迫、无产阶级两性之间的矛盾和两性关系出现的新变化。这些认识不是来自思辨的哲学和意识的主观臆想,而是来自他们本人调查研究的真实结果或他人调查研究的可靠结果。理论来源于实践,一切从实际出发,深入到实际展开调查研究,才是获得关于事物的正确认识的可靠办法。研究两性关系问题应当避免抽象空洞和主观主义的研究,要重视对男性女性实际生存发展状况进行调查研究,真正了解两性现实生活的实际状况和两性关系问题的本质真相,科学地研究和探索解决两性关系问题的对策和出路。

马克思恩格斯两性关系思想赖以形成的唯物辩证法、历史唯物主义以及唯物辩证的认识论,是我们在新的历史时期进一步深化研究两性关系的根本方法、认识工具、思想武器。

(四) 奠定两性关系问题研究的理论基础

马克思恩格斯两性关系思想是马克思恩格斯运用辩证唯物主义和历史唯物主义的世界观、方法论是对两性关系的内在联系、对立冲突及其根源、解决对立冲突的基本途径等基本问题做出的科学分析和概括。马克思恩格斯两性关系思想为后人研究两性关系问题奠定了坚实的理论基础。

马克思恩格斯关于两性辩证统一性的重要思想,使人们透过两性之间的对立冲突,看到两性之间在利益、情感、志向等方面的同一性。男女两性固然存在自然的性别差异,但这并不妨碍男女在社会各个领域各尽其能、各司其职,携手合作、利益共赢,更不妨碍男女之间形成以性爱为基础的、情投意合的纯洁爱情。男性和女性还可以联合起来，共同推动无产阶级革命的运动进程，志同道合、同心同德、同舟共济，朝着共产主义理想坚定不移地前进。如果忽视两性关系的同一性，不重视构建两性关系的同一性，那么即便实现了男女平等，也会出现新的两性矛盾冲突。所以，无论在理论上还是实践上，都应当坚持马克思恩格斯两性辩证统一的正确思想。

马克思恩格斯揭示的两性对立冲突及其根源和解决路径，使人们更深刻地认识到两性之间的问题本质和解决问题的真正出路。马克思恩格斯认为，两性之间的根本矛盾是私有制基础上的经济利益的矛盾，由此矛盾引发了两性之间的对立冲突，性别压迫是经济压迫和阶级压迫的伴生物，从根本上废除私有制，才能实现两性之间的彻底和解。实践表明，马克思恩格斯关于两性矛盾及其根源的认识是正确的，符合历史和实际的。人类社会仍然未能消灭私有制，在私有制基础上的阶级压迫和性别压迫仍然根深蒂固地存在。当代两性之间的许多矛盾和问题，实质上还是根源于私有制的经济利益的矛盾。以马克思恩格斯两性关系思想为指导，我们才会不局限于性别对立冲突的表象，而是深入到性别问题的本质，找到解决问题的真正有效办法。尽管今天我们还很难消灭私有制，消灭人对人的剥削和压迫，但是我们可以朝着消灭私有制和剥削压迫的方向义无反顾地前进，使两性关系趋向于平等和谐。

马克思恩格斯两性关系思想是关于两性关系问题最深刻的认识和见解，它在分析问题的基础上指出合理调节两性关系的社会规范和基本原则，要求实现妇女解放、男女平等和两性和谐共生的有机统一。只有坚持妇女解放、男女平等和两性和谐共生，才能在推动社会变革的同时推动两性关系走向合理化。这些基本的思想主张为当代社会调节和规范两性关系提供了科学的行动指南。

三、马克思恩格斯两性关系思想的现实意义

马克思恩格斯两性关系思想不仅是"解释世界"的科学真理，而且是"改造世界"的思想武器。反观当今世界，两性关系的对立冲突给人类文明幸福带来的灾难仍然未引起人们的足够重视。人们非常重视人与自然之间的对立冲突，但两性之间的对立冲突却常常被湮没。这种对立冲突虽然不会毁灭人类，但也会给两性带来很多痛苦甚至灾难，有一些对立冲突甚至威胁到种族的延续和存亡。如日本、韩国很多青年男女不婚不育的发展倾向实际上已经威胁到国家和种族的存亡。人类不仅应该重视解决人与自然的对立冲突，而且应该重视解决两性之间的对立冲突。马克思恩格斯两性关系思想就是指导解决两性之间对立冲突的科学指南。

（一）指引妇女解放事业的正确发展方向

把马克思恩格斯妇女解放理论纳入马克思恩格斯两性关系思想，以马克思恩格斯两性关系思想指导两性关系的调整，首先有利于消除妇女解放中的异化现象，正确指引妇女解放事业的发展方向。

在马克思恩格斯两性关系思想的视野下，妇女解放不仅是妇女从被压迫的地位中解放出来获得平等自由，而且是调整男女不平等的两性关系实现男女平等的两性关系的运动过程。妇女解放事业的发展方向决不是女性翻身当家做主之后就去压迫男性，统治男性，

造成新的性别不平等。妇女解放事业的发展方向一定是朝着男女平等的目标，消除对女性或对男性的性别压迫和统治，达到性别平等和社会公平正义。

妇女解放运动的历史成就是不容抹杀的，更不能全盘否定。李庭在博士论文中这样写道："近现代女性解放以'两性平等'为内容，反而使性别关系逐渐走向对立。……女性解放本应实现两性之间和谐，但纵观女性解放历史，性别从统一变得对立，甚至出现性别冲突。"① 这种观点实难苟同，认为男女平等的妇女解放运动造成性别关系对立，不符合事实，也不符合马克思主义。妇女解放唤醒了女性的解放意识，促进了性别平等，改变了女性的命运。这是不争的事实。同时，我们也要实事求是地承认妇女解放存在一些异化的现象，如激进的解放手段、狭隘的解放思想、对男女平等的曲解、女性物化现象等，说明我们还需要对妇女解放进行进一步的反思和探索。

在现实生活当中，很多女性对妇女解放的理解也是比较狭隘的，片面地认为妇女解放就是要争取权利，就是单向度地追求个性解放和自由发展，就是要权利而不要义务，要地位而不要贡献，要解放而不要各种束缚。这些观念其实都源于对妇女解放的错误认识。从马克思恩格斯两性关系思想来看，妇女解放的实质是对不合理的两性关系的调整。马克思主义关于人的本质的观点认为，人的本质体现在自由自觉的劳动、全面性的社会交往关系以及自由个性的发展。妇女解放应该实现人的本质的复归，使妇女能够进行自由自觉的劳

---

① 李庭. 从"两性平等"到"两性和谐"[D]. 长春：吉林大学博士论文，2020.

动，能够发展全面的社会交往关系，能够全面地发展自己的能力和个性。所以，妇女解放是既要承担责任义务又要争取正当公正的权益，既要竭力做出贡献又要获得相应的地位，既要重视个性的自由发展又要尊重集体和整体利益，既要有自由解放又要遵守法律道德。妇女只有正确理解妇女解放的内涵才能在实践中做出正确的抉择。

还有一些女性认为妇女解放就是女性变成和男性一样，男女平等就是男女一样。这也是对妇女解放和男女平等的曲解。妇女真正的解放是在两性辩证统一前提下的解放，是妇女可以由自己的意志决定自己的生存状态、生活样式，而不是把妇女变成和男性同样的生存状态、生活样式，然后就美其名曰"男女平等"。过去在"左"的思想影响下，一些人不顾具体语境而曲解毛泽东提出的"时代不同了，男女都一样"，导致在实践中女性要承担和男性一样的体力劳动，女性的着装也中性化、男性化，女性的性格也要跟男性一样坚毅勇敢。这种妇女解放的实践不仅不能让妇女得到自由全面的发展，反而使妇女丧失了性别自信和主体意识，丧失了生存发展的性别优势和美好品质，丧失了健康和幸福的生活。以男性作为妇女解放的标准，本身也是男权意识的体现。

以马克思恩格斯两性关系思想为指南，妇女解放的内涵有两点：其一，妇女作为人获得人的自由和解放，实现自由全面的发展，推翻一切使妇女成为被侮辱、被奴役、被遗弃和被蔑视的东西的一切关系；其二，妇女解放实质是两性关系的调整，要促使两性在权利、义务、责任、地位等方面达到公平公正，男性不再是"第一性"，女性不再是"第二性"，男性女性都是国家的合法公民，社会的平等成员，男性女性是命运共同体，一荣俱荣，一损俱损，都要在共同体的前提下追求自由平等、和谐幸福。正如列宁所说:"无产阶级如果不争得妇女的完全自由,就不能得到完全的自由。"① 妇女解放一定是实现妇女作为人的自由全面发展,这是和男性解放以及人类解放高度一致的。所以说,女性在面对妇女解放的时候,始终要坚定追求个体的自由全面发展和坚定不移地推进性别平等和谐。

(二) 科学指导调节现实的两性关系

如前所述,现实的两性关系仍然存在性别不平等问题,男性侵犯女性合法权益的违法犯罪问题,爱情、婚姻、家庭、生育问题以及卖淫嫖娼问题。其实,这些问题并不是人类今天才面临的新问题,而是长期存在的社会问题,只不过不同的历史条件下表现形式不一样。实际上,马克思恩格斯两性关系思想对这些问题都有深刻的阐述,可以指导当代人类解决这些问题。

首先,要继续推进妇女解放运动和同步开展男性解放运动。马克思恩格斯两性关系思想主张妇女解放是两性关系和解的第一步。妇女解放改变男性压迫女性的不平等性别关系,使妇女享有同男性平等的权利、地位、机会、资源,符合最广大妇女群众的根本利益,符合人类文明进步的规律和趋势。妇女解放是男女平等的基础,男女平等是妇女解放的前提。妇女解放的最终目标是妇女实现人的自由和解放,因此,妇女解放永远在路上。妇女解放运动也是调节两性关系的重要实践活动,不能出现新的误区:以马克思恩格斯两性

---

① 马克思 恩格斯 列宁 斯大林 论妇女 [M]. 北京: 中国妇女出版社, 1978: 307.

关系思想为指导，就不要妇女解放运动。在继续推进妇女解放的同时，应该同步开展男性解放运动。男性解放有利于男性从传统的男权性别意识中解放思想、与时俱进，有利于男性适应妇女解放之后的两性关系的新形势，有利于男性在妇女不断自我完善和提高的时候也对自己提出更高的要求。如果男性不解放，固守男权性别意识，那妇女解放必然遭遇强大的阻力，这种阻力尤其体现在家庭领域和亲密关系当中。现有的研究基本一致认为，工作领域的性别平等进程比家庭领域的平等进程步伐更快。这是因为公共领域是由国家的社会制度和法律法规来调控的，而家庭领域只能通过思想观念的变革来推动性别关系的变革。因此，男性解放对家庭领域的性别平等是至关重要的。

其次，要全面构建男女平等的性别制度和性别文化。马克思恩格斯两性关系思想主张男女平等是两性和解的基本要求。男女平等既是妇女解放的直接运动目标，又是两性和谐共生的前提和基础，也是社会文明进步的重要标志。人类社会要实现真正的男女平等还有很长的路要走。按照马克思恩格斯的设想，必须推翻私有制才可能真正实现男女平等，这将是一个相当漫长的历史过程。当然，在当前的历史条件下，对社会发展过程中仍然存在的和新出现的男女不平等、性别不平等采取"零容忍"的态度，在社会变革的过程中坚决采取积极的、有效的、全面的措施，竭尽全力去消除性别的不平等，这种彻底的、坚定的态度本身体现的就是对马克思恩格斯两性关系思想的信仰和践行。男女平等的性别制度是物质基础，男女平等的性别文化是精神基础，必须全面构建男女平等的性别制度和性别文化。男女平等的性别制度和性别文化，应当对男性侵犯女性的违法犯罪行为和社会中的卖淫嫖娼现象发挥作用，降低男性犯罪率和消除卖淫嫖娼现象。

再次，要指导两性正确处理性别矛盾达到和谐共生。马克思恩格斯两性关系思想主张两性和谐共生。两性和谐关系主要表现在爱情、婚姻、家庭关系中，当然也表现在同事、朋友关系中。两性之间的性别矛盾，从类型划分上可以分为情感矛盾和利益矛盾，从性质上可以划分为对抗性矛盾和非对抗性矛盾。两性和谐共生要求两性能够正确处理性别矛盾，增进情感和谐和利益共赢。对于非对抗性的情感矛盾和利益矛盾，两性应采取民主的方式来解决，以共同的情感联系和利益诉求为基点，公平合理地解决矛盾。对于对抗性的情感矛盾和利益矛盾，两性在自身难以协调的情况下应通过法律的途径妥善加以解决。当然，两性和谐共生更重要的是要构建两性的同一性，使两性在日常生活中相互尊重、相互欣赏、相互理解、相互信任、相互支持、利益与共、情感互动、减少矛盾、增进和谐。男女既要平等，还要和谐，平等与和谐缺一不可。两性和谐并不意味着两性之间就没有矛盾了，达到绝对同一的状态了，而是矛盾的一种特殊表现形式。当两性处于尊重、信任、平衡、协调、合作的情况下，才可能出现两性和谐共生的状态。在社会发展过程中，尤其要引导两性建立起尊重、信任、平衡、协调、合作的关系，构建幸福和谐的爱情、婚姻、家庭，实现两性合作共赢、和谐共生。

最后，要在生产力不断发展的基础上逐步消灭私有制。马克思恩格斯两性关系思想认为，共产主义才能实现两性的彻底和解。要实现共产主义，就要消灭私有制和分工，这是一个需要若干个历史发展阶段来逐步完成的历史任务。共产主义是不断消灭现存状况的现实的运动，因此，当代人类社会应当在生产力不断发展的基础上逐步消灭私有制，使人的发展从"以物的依赖性为基础的人的独立性"的第二个发展阶段逐步过渡到"建立在个人全面发展和他们共同的、社会的生产能力成为从属于他们的社会财富这一基础上的自由个性"①的第三个发展阶段。消灭私有制和分工，才能真正实现人的自由全面发展和两性平等和谐共生。

（三）切实推动社会主义社会和谐的构建

马克思恩格斯两性关系思想追求妇女解放、男女平等和两性和谐共生的理想目标，有利于促进经济发展、民主法治、性别和谐、社会安定，是推动构建社会主义社会和谐的精神动力。

妇女解放为社会经济发展带来强大的创造力。当妇女从传统的性别分工的刻板模式中解放出来，积极投身经济社会发展大潮的时候，妇女的能力素质得到全面提升，能够为经济社会发展贡献自己的聪明才智。历史上长期由男性支撑起的整个天空，现在由男女共同来支撑，毫无疑问，妇女撑起了"半边天"。男女相互合作、取长补短、密切配合，使整个社会经济发展、社会建设充满了生机活力。当然，心理学上也有研究证明"男女搭配、干活不累"的科学性。两性共同参与社会发展，既是生产力发展的必然要求，也是人的本质在社会关系方面全面发展的必然要求。

男女平等为社会民主法治进步提供了强大的推动力。男女平等是社会政治生活领域的重大问题。扩大和完善妇女的政治参与，有

---

① 马克思恩格斯文集：第8卷［M］．北京：人民出版社，2009：52．

利于党通过概括和整合男女两性的利益诉求，决策更加科学化、民主化；也有利于党把男女平等的进步要求上升为国家意志，纳入法律体系，内化为社会意识，从整体上促进社会文明。扩大和完善妇女的政治参与也是人民当家做主的内在要求。西方传统的哲学家们否认妇女的理性思维，认为妇女不适合从事政治活动。近代妇女解放运动的实践表明妇女与男性一样可以执政管理，充分发挥妇女的聪明才智可以推动人民当家做主的民主进程。依法治国是党领导人民治理国家的基本方略，是实现性别和谐、保障两性群体权益的基本途径。男女平等也有利于妇女在依法治国领域大展身手。

两性和谐共生是构建社会主义社会和谐的基本要求。社会和谐是社会主义的本质特征，建设社会主义社会和谐要求实现两性和谐。男女平等基础上的两性和谐共生有助于社会和谐安定，人民幸福生活。两性和谐共生如果成为当代男女两性树立的基本观念，将改变性别领域的性别偏见、性别歧视、性别对立，使男性从传统的男权意识中解放出来，使妇女从传统的性别刻板观念中解放出来，求同存异、相互尊重、合作共赢、优势互补、情感和谐、包容互信，积极建立亲密情感关系，共建共享幸福美满的婚姻家庭。这样的两性和谐的图景才是社会主义社会和谐的美丽图景的组成部分。

四、马克思恩格斯两性关系思想中国化

中国理论界现有研究集中在马克思主义妇女解放理论及其中国化。如上所述，马克思恩格斯两性关系思想具有处理两性关系问题的整体性和合理性。马克思恩格斯两性关系思想是属于马克思主义

的组成部分,是运用马克思主义基本原理分析和观察两性关系问题的思想结晶,也是体现马克思主义基本原理的重要思想内容。在当代中国,要发挥马克思恩格斯两性关系思想对解决两性关系对立冲突的理论指导作用,应当重视推进马克思恩格斯两性关系思想中国化的理论研究和理论创新。马克思恩格斯两性关系思想中国化要注重同中国具体实际相结合,同中华优秀传统文化相结合。

(一) 马克思恩格斯两性关系思想与中国具体实际相结合

中国两性关系的历史发展具有自身的文化特殊性和现实复杂性。自中国共产党诞生以来,在推进马克思主义中国化的进程中,不断推进马克思主义妇女观中国化,形成毛泽东妇女解放思想和中国特色社会主义妇女理论。实际上,中国共产党不仅关注妇女解放问题,而且重视两性关系的爱情、婚姻、家庭问题,在研究妇女解放的问题时也重视研究爱情、婚姻、家庭问题,体现了将马克思恩格斯两性关系思想与中国具体实际相结合。中国共产党的卓越领导人,毛泽东、周恩来、刘少奇、朱德、邓小平等人,自身也是践行马克思恩格斯两性关系思想的典范。

新民主主义革命和社会主义建设时期,中国共产党人对妇女解放和两性关系问题进行了理论和实践的艰辛探索。早期共产党人,李大钊、陈独秀等,为深受压迫的中国妇女发声,呼吁妇女解放。湖南长沙青年女子赵五贞反抗封建包办婚姻割腕自杀事件引起毛泽东的高度关注,毛泽东相继发表9篇文章猛烈抨击吃人的封建旧道德、旧礼教,极力倡导建立以爱情为基础的新的婚恋观和婚姻制度。革命时期和建设时期,毛泽东运用马克思主义具体分析中国的妇女问题,提出压迫束缚中国妇女的"四条绳索"是政权、族权、神权和夫权,妇女由于受压迫程度很深,是重要的革命力量,主张建立妇女组织,把妇女解放发动起来参加革命斗争、参加劳动生产。毛泽东明确中国共产党实行恋爱婚姻自由制度、男女平等基本原则、男女同工同酬制度等。周恩来则认为,作为封建性质的贤妻良母的性别要求应当被批判和摒弃,但贤妻良母本身作为一种伦理要求和道德规范在人类文明发展中有其合理性和必然性,同时还要求"贤夫良父",男女共同分担家庭劳动和教育子女的职责。朱德指出,"在马克思主义者看来,社会主义和共产主义不是要取消家庭,而是要使家庭更幸福更美满。养亲教子的古训,不仅现在适用,就是将来也是适用的。"① 邓小平1961年接见参加全国省、市、自治区妇联主任会议全体代表时明确谈道:"家庭和睦也是经常要做的工作。要处理好的,一是夫妻关系,二是婆媳关系,三是妯娌关系,四是父母子女关系等。这是我们长期以来妇女工作中的经常工作。这样的问题,就是妇女的特殊问题,就是妇联的特殊工作。"② 他们的认识都充分体现了马克思主义两性关系思想与中国具体实际相结合。

改革开放以来,中国共产党人继续推进妇女解放和两性关系问题的理论和实践探索。邓小平强调要通过经济的发展来解决妇女问题,要切实推动妇女参政议政,要依法保障妇女合法权益。1992年1月27日,邓小平在视察珠海电子股份有限公司的时候谈到家庭问题时,他说:"欧洲发达国家的经验证明,没有家庭不行,家庭是个

---

① 中华全国妇女联合会. 毛泽东 周恩来 刘少奇 朱德 论妇女解放[M]. 北京:人民出版社,1988:136.
② 邓小平文选:第1卷[M]. 北京:人民出版社,1994:294.

第五章　马克思恩格斯两性关系思想的当代价值

好东西。都搞集体性质的福利会带来社会问题，比如养老问题，可以让家庭消化。……我们还要维持家庭。全国有多少老人，都是靠一家一户养活的。中国文化从孔夫子起，就提倡赡养老人。"① 邓小平把马克思主义和中国具体实际结合起来，指出家庭在中国的重要功能。江泽民明确我国妇女运动的指导思想是马克思主义基本原理及其妇女观，中国妇女解放运动的必由之路是坚持党的领导和社会主义道路，在第四次世界妇女大会上江泽民代表中国政府庄严承诺："把男女平等作为促进我国社会发展的一项基本国策。"② 江泽民认为，全社会都要树立文明进步的妇女观，妇女肩负工作和家庭两副重担，前进中会遇到这样那样的困难，各级党委和政府要认真倾听妇女的呼声，关心她们的疾苦，维护她们的合法权益，努力为她们排忧解难。胡锦涛认为，"我国广大妇女素有勤劳勇敢、智慧善良的美德，在家庭和社会都是传承文明、弘扬新风、融洽关系、增进和谐的重要力量。"③ 在纪念联合国第四次世界妇女大会十周年会议开幕式上胡锦涛发表讲话指出"我们将坚持贯彻男女平等的基本国策，不断促进性别平等和两性和谐发展"。这是党和国家领导人第一次提出"两性和谐发展"的理念。

上面的论述表明党和国家历来不仅关注妇女解放发展和男女平等，而且还关注两性关系的婚姻家庭问题。新时期，我们应当更加

---

① 冷溶，汪作玲. 邓小平年谱：1975—1997：下[M]. 北京：中央文献出版社，2004：1338.
② 江泽民. 在联合国第四次世界妇女大会欢迎仪式上江泽民主席的讲话[J]. 中国妇运，1995（11）：21-22.
③ 胡锦涛. 在纪念"三八"国际劳动妇女节100周年大会上的讲话[J]. 中国妇运，2010（4）：4-8.

自觉地推进马克思恩格斯两性关系思想中国化。特别要注重研究中国两性关系的具体实际，实事求是地分析问题和观察问题，然后运用马克思恩格斯两性关系思想指导解决两性关系的现实问题。比如，针对女性片面追求经济独立和自我价值、排斥婚姻家庭、剩女现象日趋严重的现实问题，应当运用马克思恩格斯两性关系思想来分析导致这种问题产生的主客观因素，在此基础上提出可行性的解决对策。同时，我们还要注重总结我国解决两性关系问题的历史经验和实践经验，上升为理性认识和科学理论，不断丰富和发展马克思恩格斯两性关系思想。

（二）马克思恩格斯两性关系思想与中华优秀传统文化相结合

马克思恩格斯两性关系思想中国化不仅要与中国两性关系发展的具体实际相结合，而且还要与中华优秀传统文化相结合。对于当代中国男性女性而言，面对生存发展中的诸多问题，能不能从中华优秀传统文化中寻找智慧启迪和精神力量，马克思恩格斯两性关系思想到底能不能与中华优秀传统文化相结合，这是关系到两性生存发展状态的文化价值观的重大问题。理论和实践的发展都表明，马克思恩格斯两性关系思想与中华优秀传统文化，二者作为人类文明发展的思想成果，不仅息息相通而且可以相互借鉴、融合互补。

第一，从文化特征和思维方式上看二者具有相似性。中华优秀传统文化具有开放性、多元性、包容性，是在与世界各国的优秀文化的交流互鉴中不断创新发展的文化体系。马克思恩格斯两性关系思想也是博采众家之长，在实践基础上不断创新发展的科学理论。

中华优秀传统文化的主流是唯物主义和辩证法精神，关注现实社会的历史变革，主张革故鼎新、推陈出新。马克思恩格斯两性关系思想是以辩证唯物主义和历史唯物主义的世界观和方法论去考察包括妇女解放在内的两性关系问题，主张通过妇女解放运动和两性关系的调节实现男女平等和两性和谐共生。这种文化特征和思维方式的相似性，使两者都成为人类优秀文明成果，经得起历史、实践和人民的检验，也为两者的相通相融奠定了基础。

第二，性别和谐维度的融合互补。马克思恩格斯两性关系思想坚持历史唯物主义，深刻剖析妇女被压迫的历史根源在于私有制，认为妇女解放与人类解放的根本途径是消灭私有制，实现共产主义社会。在马克思主义者看来，妇女解放决不是要在男女之间掀起一场新的战争，实质是男女携手共同推翻"使人成为被侮辱、被奴役、被遗弃和被蔑视的东西的一切关系"[①]。在男女平等基础上实现平衡和谐的新的两性关系是人类解放（包含妇女解放）的题中应有之意。中华优秀传统文化的核心思想是"和"的思想，传统性别观也体现着和合、和谐、和睦的思想。性别和谐符合人类社会发展的自然规律，"一阴一阳之谓道"，不是阴阳对立，而是阴阳互补，阴阳对应，性别因素相互渗透。家和万事兴、妻贤夫安、夫义妇德、相敬如宾等传统文化观念利于男女两性和谐共生。男女共有一个世界，实践表明，携手共建共享一个对所有人都更加美好的世界对男女最为公平合理。坚持马克思恩格斯两性关系思想与中华优秀传统文化的融合，有利于培育和发展先进的性别和谐文化。

---

① 马克思恩格斯文集：第1卷[M]．北京：人民出版社，2009：11.

第三，家庭维度的融合互补。马克思恩格斯设想未来共产主义社会的婚姻家庭以个人性爱为前提，以两性自由平等、和谐发展为基础，家务劳动社会化，孩子的抚养和教育成为公共事业，等等。社会主义和共产主义并不是要取消家庭，而是要使家庭更幸福更美满。建设幸福和睦的家庭必然需要两性携手努力、合作共赢。可见，妇女解放主张妇女走出家庭，并非是要取消家庭，发挥妇女对家庭的积极作用是人类文明发展的内在要求和客观规律。中华优秀传统文化历来强调妇女对家庭的特殊性和重要性，如"闺阃乃圣贤所出之地，母教为天下太平之源""妻贤夫祸少"等文化观念都道出了妇女对家风建设和子女养育的重要性。家庭的重要性必然要求妇女更加自觉地承担起家庭建设和子女教育的责任，努力弘扬中华民族家庭美德，树立良好家风，发扬吃苦耐劳、勤俭节约的优良传统，为家庭和社会文明进步做出力所能及的贡献。同时，也要求男性更加重视自身对家庭的责任和义务，两性共同建设好家庭也是男女平等、两性和谐共生的体现和必然要求。

综上所述，中华优秀传统文化以其和谐仁爱、崇德重义的精神与马克思恩格斯两性关系思想交融互补，有助于两性都提高思想道德素养，在自强不息、人格独立的基础上更加理性地处理两性关系和家庭问题。中华优秀传统文化是中华民族的精神标识，也是马克思恩格斯两性关系思想中国化的民族标识。坚持把马克思恩格斯两性关系思想与中国两性关系的具体实际相结合，与中华优秀传统文化相结合，不断推进马克思恩格斯两性关系思想中国化，可以为当代中国男性女性更好的生存发展提供智慧启迪和思想引领。

第六章　新时代马克思恩格斯两性关系思想的实践探索

根据马克思恩格斯两性关系思想的基本观点，人类社会推翻资本主义制度，建立社会主义制度，将为构建更合理的两性关系奠定根本的政治前提和制度基础。中国特色社会主义进入新时代，构建男女平等与两性和谐共生的社会主义两性关系，既是体现社会主义本质要求的重要社会文明，也是人民日益增长的美好生活需要，符合广大人民群众的根本利益和共同愿望。坚持以马克思恩格斯两性关系思想为指导，积极化解两性之间在各个领域、各个方面的矛盾对立，增强两性之间在利益、情感等方面的同一性、包容性、互补性，是构建男女平等与两性和谐共生的社会主义两性关系的基本途径。

一、着力推进妇女解放发展，同时重视男性解放发展

经过200多年妇女解放运动的发展，男女平等和妇女解放的成就是人类文明画卷中浓墨重彩的一笔。新时代为促使男女平等和两

性和谐共生的基本着力点是促进妇女解放发展,同时应重视男性解放发展,防止部分男性在社会发展的进程中因循守旧、故步自封,跟不上时代发展的潮流,甚至造成新的两性失衡,乃至尖锐的性别矛盾冲突。同步推进妇女解放发展和男性解放发展,也是坚持以人民为中心的发展理念,促进人的全面发展的具体体现。妇女解放发展和男性解放发展应当相提并论,只是各自有各自的内涵和目标。

(一) 妇女解放发展的五个统一

中国100多年妇女解放运动的历史实践,既有弥足珍贵、世所公认的历史经验,也有值得反思、需要再进行探索的理论和实践误区。以马克思恩格斯两性关系思想来审视妇女解放运动,主要存在以下四大误区。其一,部分妇女对男性、对婚姻、家庭的排斥;其二,部分妇女注重追求自由和权益而忽视应尽的责任义务;其三,部分妇女片面追求能力的发展而忽视道德水平的提升;其四,对"时代不同了,男女都一样"的曲解。要实现两性关系的和解和确立合理的规范两性关系的基本原则,首先必须持之以恒地推进妇女解放的进步事业,同时防止妇女解放的异化和扭曲。坚持以马克思恩格斯两性关系思想指导妇女解放发展,应在坚持妇女解放运动的历史经验的基础上,注重构建"五个统一"的妇女发展形态。

1. 注重创造条件促进妇女全面参与社会发展,实现妇女发展与社会发展的统一

历史发展表明,妇女解放与发展既离不开一定的历史条件和社会环境,又离不开妇女自身改变环境的能动性和创造性。马克思指出,"人的本质不是单个人所固有的抽象物,在其现实性上,它是一切社会关系的总和。"① 人的社会历史性决定,人只有最大限度地参与社会发展,承担社会功能,做出社会贡献,才可能真正获得社会的认可和尊重,从而取得相应的社会地位和平等权利。恩格斯关于妇女历史地位演变的研究充分证明了妇女参与社会生产生活的重要性,所以他强调,"妇女解放的第一个先决条件就是一切女性重新回到公共的事业中去。"② 以经济的平等奠定男女平等的物质基础,以社会贡献赢得社会尊重,妇女在推动社会发展的过程中才可能实现自由全面发展。因此,为妇女走出家庭全面参与社会生产生活创造条件,是促进妇女自由全面发展的基本途径。马克思恩格斯从人类解放的宏观视野来考察妇女解放,认为只有通过无产阶级革命消灭私有制,建立生产资料公有制,才能从根本上改变妇女生存发展的制度环境。中国共产党坚持马克思妇女解放理论,在革命、建设和改革的各个历史时期,都注重从政治、经济、文化等多个维度为妇女走出家庭参与社会发展创造条件,充分发挥妇女作为历史创造者的主体作用,使妇女在推动社会进步的同时实现自身的解放和发展。

2. 注重发挥妇女在家庭生活中的独特作用,实现妇女家庭贡献与社会贡献的统一

马克思恩格斯在《共产党宣言》和《家庭、私有制和国家的起源》等著作中阐述了与妇女问题密切相关的马克思主义家庭观。他

---

① 马克思恩格斯文集:第1卷 [M]. 北京:人民出版社,2009:501.
② 马克思恩格斯文集:第4卷 [M]. 北京:人民出版社,2009:88.

们深刻地揭示了家庭形式从血缘家庭、普那路亚家庭、对偶制家庭到文明时代一夫一妻制家庭的历史演变和发展进步；科学地论证了妇女在历史上如何沦为家庭的奴隶和生儿育女的工具；无情地批判了建立在资本上的资产阶级家庭的虚伪和荒淫，并预示资产阶级家庭必然会随着资本的消失而消失；合理地预测了共产主义社会形态下男女可以实现真正意义上的自由平等，婚姻、家庭以个人性爱为前提，以两性自由平等及和谐发展为基础，家务劳动社会化，孩子的抚养教育和老人的赡养成为公共事业，等等。在《共产党宣言》中，马克思恩格斯指出了当时资产阶级对共产主义的曲解和责难的一种表现："消灭家庭！连极端的激进派也对共产党人的这种可耻的意图表示愤慨。"① 马克思恩格斯并非主张在社会主义社会和共产主义社会中消灭家庭，而是主张消灭资本主义异化的家庭，从而还原家庭的本质，使家庭真正成为人们创造幸福美满生活的温馨乐园。

过去，我们并没有全面准确地理解马克思主义的婚姻家庭观，对家庭不够重视，甚至认为"如果婚姻妨碍工作，就放弃婚姻"②，这种思想在妇女解放的实践中表现为片面强调一切妇女"重新回到公共的事业中去"，发挥妇女"半边天"的社会作用，而妇女的家庭作用和家庭贡献往往没有获得公正的评价和足够的重视。这种价值导向对很多妇女的婚姻、家庭观念造成了潜移默化的负面影响，使越来越多的妇女重视追求经济独立和自我价值，轻视婚姻家庭生活、婚姻家庭责任。针对妇女发展忽视婚姻家庭的新情况、新问题，

---

① 马克思恩格斯文集：第2卷［M］．北京：人民出版社，2009：48．
② 中华全国妇女联合会．毛泽东 周恩来 刘少奇 朱德 论妇女解放［M］．北京：人民出版社，1988：102．

应把马克思主义和中华优秀传统文化结合起来，阐述新时代正确的家庭观、性别和谐观和妇女在家庭中发挥的独特作用。

这些思想与近代德国学前教育学家福禄贝尔的"国家的命运与其说是掌握在当权者的手中，倒不如说是掌握在母亲的手中"①是内在相通一致的。新时代的男性应当从"男主外，女主内"的传统观念中解放出来，切实履行对家庭的责任，与女性共同承担家务劳动并教育好下一代，共建共享幸福家庭。

3. 注重促进妇女提升道德水平，实现妇女发展公德修养与私德修养的统一

人作为认识世界和改造世界的主体，道德是人正确处理人与自然、人与社会、人与他人的基本伦理规范。道德是人类特有的文化现象。按照所调节的社会关系的内容，人们把道德相对地划分为公德和私德。公德体现的是公民对社会、国家的道德责任和义务，是为了满足整体利益的需要，具有他律性；私德体现的是对家庭和亲人朋友的道德责任和义务，是为了满足个体利益的需要，具有自律性。过去，妇女解放关注的焦点是妇女的独立、自由、个性、权益、能力、自我意识等主体性因素，忽视了妇女解放的道德基础，从而造成妇女解放发展的道德瓶颈。由于我们党历来重视爱国主义、集体主义和社会主义的教育，使妇女的公德意识整体上有所提高。妇女发展的道德瓶颈主要体现在私德领域。市场经济本质是追求利益最大化的经济形式，容易滋生功利主义、拜金主义、享乐主义、消

---

① 罗树庚. 母亲影响着国家命运[N]. 中国教育报，2015-05-22.

费主义等错误的人生观和价值观。部分妇女受到上述错误思想意识的影响,被"物化""商品化"的现象比较严重,物欲膨胀、奢侈浪费、虚荣攀比,抛弃了勤俭持家、俭以养德、艰苦创业、吃苦耐劳、坚贞自重、温柔宽厚、自律敬人等优良传统。

其一,马克思主义之所以占据了"真理和道义的制高点",是因为马克思恩格斯揭露了私有制和剥削是利己主义和不道德的根源。他们设想,到未来共产主义社会,人们的精神境界得到极大提升,人人具有高尚的道德品质,自觉自愿地为他人、为社会服务和奉献。可见,道德的发展进步是人类解放(包括妇女解放)的内在要求。中国传统文化认为,"国无德不兴,人无德不立"。党的十八大以来,"以德治国、立德树人"作为我国基本的治国方略之一,在面向人民群众中的不同群体时都强调立德树人,如官员要常修为官之德,教师要常修为师之德,父母要"帮助孩子扣好人生的第一粒扣子",高等教育,乃至整个国民教育要以立德树人为根本任务,等等。同样,社会也期望广大妇女更加重视自我的道德修养。"道德是通向美好生活的手段。"[①] 追求美好生活的妇女应当重视道德修养。因此,对妇女发展的道德问题的重视具有重大的理论意义和实践意义。

其二,新时代妇女要注重弘扬传统美德和优良传统。妇女私德水平滑坡,主要是由于我们的道德教育重视对人的公德培养,而忽视对人的私德培养,同时,市场经济的功利主义和拜金主义严

---

① 克里夫·贝克. 学会过美好生活 [M]. 詹万生,等译. 北京:中央编译出版社,1997:7.

重危害了妇女的道德发展。提升妇女的私德水平不仅是解决妇女发展的道德瓶颈的必然要求,还是提升妇女公德水平的必然要求。"九层之台起于垒土",一切公德必须从培养私德开始。私德不良的人,其公德常常令人怀疑,所以才有"一屋不扫何以扫天下"的质问。中国传统道德教育正是从私德出发,推己及人。提升妇女的私德水平有必要从中华优秀传统文化中汲取道德精髓和智慧力量。中华优秀传统文化的精髓是道德文化,仁义礼智信、孝悌忠信、礼义廉耻等道德文化观念经过现代转化和创新发展,仍然有助于提升当代中国人的道德涵养。在漫长的历史发展过程中,中华优秀传统文化塑造了中国妇女温柔宽厚、勤劳勇敢、节俭持家、孝悌仁爱、吃苦耐劳、甘于奉献、坚贞自重、言行有礼、仪态端庄等代代相传的传统美德,这些美德值得当代中国妇女继承与弘扬。把超越时空具有永恒价值的传统美德作为当代人的道德要求,有助于弥补人们私德教育的不足。

4. 注重促进妇女提高能力水平,实现妇女道德发展与能力发展的统一

当代美国著名的女性哲学家玛莎·努斯鲍姆受到经济学家阿玛蒂亚·森的可行性能力概念的启示,通过对印度妇女解放的实际状况的考察,在《妇女与人类发展》一书中提出了女性解放发展的"能力路径"(Capability Approach)。努斯鲍姆认为,"尤其是在发展中国家,性别不平等与贫困紧密捆绑在一起,造成了女性核心能力的严重匮乏。而能力匮乏又导致她们无力有效地应对自身面临的困窘,如家庭暴力、性骚扰、雇佣歧视等,进而加剧了女性备受歧视与贫穷的处境。"① 努斯鲍姆系统地总结了思想史上关于人的能力发展的各种主张，制定了普遍适用于所有国家的每一位公民的核心能力清单，然后以清单比照女性的生存现状，为女性规划更为合宜的发展目标。努斯鲍姆的"能力"路径在一定程度上能够克服"女性主义关于女性解放的两条路径，即'理性'引导的通往公共领域路径和'关怀'引导的守护家庭领域路径各自的片面性"②，具有更接近妇女发展本质的合理性。妇女意识到自身能力的缺陷并有意识地提高能力素质，是妇女解放发展的重要途径。

其实，在社会主义制度下，努斯鲍姆提出的"能力路径"早已成为实践路径。我们党和国家历来重视妇女内在能力的培养和为妇女创造运用能力的机会条件。1956年10月毛泽东在同南斯拉夫妇女代表团谈话时就谈道："将来女同志（参加政府或全国人民代表大会）的比例至少要和男同志一样，各占50%。如女同志的比例超过了男同志，也没有什么坏处。"③ 朱德强调，"我们中国是一个大国，中国的妇女在祖国建设事业的各种岗位上应当出现各种专门人才。"④ 2019年《中国妇女发展纲要（2011—2020年）》统计监测报告显示，随着我国义务教育事业的不断发展，女童享有平等受教育的权利进一步得到加强，小学学龄儿童净入学率已连续5年达到99.9%以上，我国在义务教育阶段已基本消除性别差距。高等教育

---

① 范伟伟. 理性·关怀·能力：女性解放的路径探索及其反思 [J]. 哲学研究，2017（9）：119-125.
② 同①.
③ 中华全国妇女联合会. 毛泽东　周恩来　刘少奇　朱德　论妇女解放 [M]. 北京：人民出版社，1988：61.
④ 中华全国妇女联合会. 毛泽东　周恩来　刘少奇　朱德　论妇女解放 [M]. 北京：人民出版社，1988：127.

女生占比超过一半，高等教育在校生中女研究生人数为144.8万人，占全部研究生的比重达到50.6%，女性在全社会就业人员中的比重持续保持在四成以上。越来越多的妇女成为各个领域的高水平专业人才，甚至成为政界、学界、商界的领军人物，如获得诺贝尔医学奖的屠呦呦、陈薇院士、格力集团董事长董明珠等。

美国女性主义学者贝蒂·弗里丹在其专著《女性的奥秘》中批判了美国妇女问题的社会根源，"也许这只是个病态的社会，不愿面对它本身的问题，想象不出与其成员的能力和知识相适应的目标和意图，只是想忽视妇女的力量。也许这只是个病态或尚未成熟的社会，愿意让妇女做'家庭主妇'，而不做人。"① 资本主义制度的局限性表现在限制妇女发展的机会，而中国特色社会主义制度不仅注重培养妇女的能力，而且为妇女运用自身能力、实现自由全面发展开辟了广阔的天地。妇女通过广泛参与社会生活和家庭生活，在各项活动中不断增强主人翁精神和历史责任感，不断增强战略思维能力、历史思维能力、辩证思维能力、创新思维能力和底线思维能力，不断提高决策管理水平，成为党和人民事业的宝贵人才资源。妇女核心能力和素质的提升，使她们能够更加有效地应对各种社会问题和家庭问题，维护自身的合法权益；使她们能够更加妥善地处理家庭与工作之间的矛盾，实现自我、家庭和外部世界的和谐统一及平衡发展。能力提升与道德提升对妇女发展如同鸟之两翼、车之双轮，相辅相成、相互促进。德才兼备是新时代妇女发展的必然要求。

---

① 贝蒂·弗里丹. 女性的奥秘 [M]. 巫漪云，丁兆敏，林无畏，译. 南京：江苏人民出版社, 1988：218.

5. 注重增强妇女的主体意识,实现尊重性别差异与追求性别平等的统一

中国妇女的主体意识是妇女在革命、建设和改革的历史实践中逐渐形成的。西方国家的妇女在文艺复兴、启蒙运动的影响下,逐渐走上自我觉醒、独立运动的女性解放道路,她们认为这种模式才是最好的女性解放的模式。其实,各国妇女所处的历史文化背景不同,解放的道路也会各不相同,没有一个统一的模式可以解决各国妇女的历史和现实问题。近代以来,中国的妇女运动,是女性问题既没有被革命运动遮蔽,也没有从革命运动中完全游离出来,而是在人民革命的普遍实践中不断地从内部生成女性主体性的历史形态。实践表明,这种历史形态或者说发展模式,是适合中国国情而且成效显著的。马克思说:"环境的改变和人的活动的一致,只能被看作是并合理地理解为变革的实践。"[①] 近代中国革命和社会主义建设"变革的实践"引起"环境的改变",环境的改变以及中国共产党的宣传教育,促使广大女工农妇普遍觉醒,开始意识到自身的地位和需要,意识到自身解放的条件。这种在革命的普遍实践中从妇女内部生成的女性主体性,与西方国家妇女觉醒在本质上是一致的。不仅如此,由于经历了革命、建设和改革的深刻洗礼,经受了历史和实践的充分检验,又受到政治力量的坚定支持,相比西方国家妇女的主体意识,中国妇女的主体意识更加坚固稳定和充满信心力量。在社会进步的进程中,越来越多的妇女从传统思想观念中解放出来,

---

① 马克思恩格斯文集:第1卷 [M]. 北京:人民出版社,2009:504.

第六章 新时代马克思恩格斯两性关系思想的实践探索

成为妇女运动主体,产生了推动妇女事业发展的力量。

妇女主体意识增强的同时也出现了认识和实践的偏差。1964年6月,毛泽东在十三陵水库游泳时同青年谈话提出"时代不同了,男女都一样。男同志能办到的事情,女同志也能办得到"①。这段话本意是非常积极进步的,表达对女性进步和男女平等的称赞,希望女性能够和男性共同承担许多工作,为社会发展多做贡献。但由于受到接下来的"文化大革命"严重左倾思想的影响,在妇女解放的实践中出现了对"男女都一样"的曲解,让女性做和男人一样的人,让女性从事和男性一样的工作,甚至塑造出异化的铁姑娘的妇女解放形象。这就导致了女性男性化、男女同质化的妇女解放现象。李小江将这一现象称之为女性的"解放神话"。她认为,"要破这个神话就要说真话:时代不同了,男女还是不一样。"② 实际上,时代不同了,男女既一样也不一样。"一样"体现的是法律规定的男女平等权利,"不一样"体现的是对性别差异的正视和实事求是的科学态度。

新时代妇女解放发展既要注重增强妇女的主体意识,又要实现尊重性别差异和追求性别平等的辩证统一。妇女解放不是要求妇女变得和男人一样,而是尊重男女的生理和心理发展的客观规律与实际差异,求同存异,性别互补。如果妇女解放以男性的生存发展状态作为解放的标准,企图构建和男性一样的生存样式,凡事都想和男人一样,那么实际上还是生活在男权之下的"被解放",不是自我

---

① 中华全国妇女联合会. 毛泽东 周恩来 刘少奇 朱德 论妇女解放 [M]. 北京:人民出版社,1988:67.
② 李小江. 女性乌托邦 [M]. 北京:社会科学文献出版社,2016:7.

解放和自我意识的觉醒。妇女解放应当是妇女作为人、作为女人，享有做人、做女人的自由和自信，享有真正没有性别歧视和偏见的平等权利，享有包容尊重女性的社会文化环境。性别的自然差异并不能作为男女价值优劣的衡量标准，性别的自然差异应当得到尊重和理解。这并不是性别本质主义的问题，而是平等和自由的真正体现。为此，首先，妇女解放要实现身心解放，要能够坦然面对男女差异，从认识自己的身体开始，善待自己的身体，接纳自己的性别，与自己的自然性别和谐相处。其次，妇女解放关键要引导妇女建立女性主体意识，树立自尊、自信、自立、自强的精神，"反抗女人的被动性，声张妇女自主权利，呼吁女人按照自己的愿望自我塑造，"① 妇女解放并不是要求以男性的生存样态为标准，而是妇女可以根据自身的潜能、优势、兴趣、喜好等为社会的两种生产做出贡献和实现自由全面发展。最后，妇女解放的实质是妇女作为人实现自由全面发展，妇女解放应当始终以人类解放作为崇高理想和奋斗目标。

重视自身主体地位、强化主体性构建是妇女群体解放发展的主流，但也仍然有一部分妇女认识不到自强不息的重要性，不注重提升能力素质，甚至自甘堕落、沦为商品和男性的玩物。卖淫赚钱、包养寄生、天价彩礼、贵族太太等都是妇女的异化生存状态。牺牲人格独立和价值尊严换取金钱带来的物质享受，这种现象表明部分妇女不但没有实现解放，甚至比历史上追求独立价值和人格尊严的女性都远远不如。新时期，中国妇女事业发展尤其需要关注这部分

---

① 李小江. 女性乌托邦 [M]. 北京：社会科学文献出版社，2016：8.

好逸恶劳、怕苦怕累，依附心理、自卑心理、享乐主义思想严重的妇女，注重培养每一位妇女的主体意识和"四自"精神。

　　增强妇女的主体意识和主体地位，应当彻底消灭卖淫嫖娼的丑恶社会现象。中华人民共和国成立不久，毛泽东指示在全国开展轰轰烈烈的"废娼运动"，一扫社会陋习，将妓女改造成社会主义自食其力的劳动者，真正挽救了处于社会最底层的妇女。随着中国特色社会主义进入新时期，应当切实采取措施消灭卖淫现象。卖淫既是妇女的悲剧和耻辱，也是对男性品格和社会风气的败坏，中国特色社会主义事业的进步要体现在消灭卖淫嫖娼的丑恶社会现象。有人认为，卖淫是社会根本无法消除的毒瘤，只有到世界末日才会从地球上消失。我们并不赞成这种消极的观点。新时代，如果党和国家积极采取措施来解决这一社会问题，即便不能求得根本解决，也可以见到成效，使之不再扩散，而是逐步缩小。基本措施有如下四个方面。其一，要促进社会全面发展，促进人的全面发展和全体人民共同富裕，从根本上解决卖淫嫖娼问题；其二，要通过教育提高全体国民素质，拒绝卖淫嫖娼的诱惑；其三，要加大法律的执法力度，使逼良为娼行为、卖淫嫖娼行为无处可藏；其四，要对目前已经卖淫嫖娼的人进行改造教育，使他们重新做人，斩断卖淫嫖娼的传播链条。只要久久为功、矢志不渝地抓下去，同时脚踏实地推进妇女解放事业，卖淫在中国率先消失就不会仅是一种空想。希望这一天早日到来！

（二）男性解放发展的内涵与目标

　　社会文明进步离不开两性的共同努力和奋斗。为了推进社会发展进步，党和国家一方面促进妇女解放发展，另一方面对妇女的作用和贡献寄予厚望，希望妇女要努力支撑起社会的"半边天"。新时代的男性应当是怎么样的？却鲜有人提及，使得当代相当多的男性仍然停留在传统的性别角色期待和性别分工模式之中，不能适应妇女解放发展的新形势，导致两性之间尤其是在面对爱情、婚姻、家庭的时候存在显著的认识差距，也可以称之为"性沟"，即两性之间的沟壑。忽视男性解放发展，既不利于妇女解放发展，也不利于两性和谐共生。应当在推进妇女解放发展的同时，思考和关注男性的解放和发展问题，警惕新的性别发展失衡，促使性别平衡发展、两性和谐共生。

1. 男性解放发展的内涵

进入阶级社会，统治阶级在阶级统治的基础上建构了男尊女卑的性别秩序和压迫妇女的性别制度，使妇女"除了因为属于某个阶级或阶层等原因之外，还仅仅因为身为女性而受压迫"[①]。可以说，由于遭受阶级压迫和性别压迫的双重压迫并受到家庭事务的种种束缚，长期以来，妇女的生存状况是人类社会中最不自由的、最不平等的，因此，我们将妇女解放视为人类普遍解放的衡量尺度，我们普遍关注和认同妇女解放，而忽视了男性解放。如果说妇女解放实质是两性关系调整的一个重要环节，那么在妇女解放的同时，如果男性不解放、不能相应地做出调整，那么这种解放调整肯定是不协调的，容易出现新问题的。"在颠覆传统社会性别角色对人的奴役过

---

① 李银河. 妇女：最漫长的革命[M]. 北京：中国妇女出版社，2007：1.

程中，在反对父权文化对个体的伤害实践中，女性主义与男性解放可谓一枚硬币的两面。没有男性解放，女性不可能得到真正的解放，两性的平等与和谐无法彻底实现，传统社会性别角色模式化、刻板化对人的伤害也无法完全颠覆。"①

所谓解放，就是要从束缚和压迫中解放出来，获得自由和平等。解放思想是指打破习惯势力和主观偏见的束缚，把主观世界的思维意识与变化了的客观实际结合起来，研究新情况，解决新问题。女性由于在历史上受到阶级和性别的双重压迫，所以妇女解放这个特定的概念既蕴含着消除阶级压迫又蕴含着消除性别压迫的意蕴。那么，男性解放这个概念的内涵是什么？自阶级社会以来，男性主要受到的是阶级压迫，并没有因为自己的性别受到压迫，而且男性在性别压迫这一重压迫当中还处于压迫者的地位。因此，男性解放的基本内涵主要是要消除阶级压迫和从传统的男尊女卑、男主女从的男权性别意识中解放出来，树立男女平等和两性和谐共生的进步理念。当然，从根本意义上讲，男性解放是人类解放的一个重要组成部分，要实现男性的经济解放、阶级解放、政治解放、思想解放、社会解放，最终达到彻底解放，使每个男性作为现实的人实现自由而全面的发展。

社会主义的本质是解放生产力，发展生产力，消灭剥削，消除两极分化，最终达到共同富裕。虽然社会主义初级阶段的生产力水平还不能达到消除阶级压迫的要求，但社会主义只要坚持沿着促进人的全面发展和促进全体人民共同富裕的方向前进，就一定能够不

---

① 杨炜. 男性解放 [D]. 北京：中共中央党校，2006.

断为消除阶级压迫奠定历史条件和物质基础。在社会发展进步的过程中，男性解放最主要的任务是思想解放，就是要从传统的性别角色、性别分工的刻板印象中解放出来。两百多年妇女解放运动的发展使妇女不断挣脱旧的性别不平等制度的束缚，成为独立自主的人参与社会生活和家庭生活，但很多男性仍然停留在男尊女卑、男外女内、男主女从的旧观念中。社会已经形成"女外女内"的巨大变革了，男性却依然固守着男外女内的传统分工模式。大部分男性关于爱情、婚姻、家庭责任义务的理解还是传统上的男外女内、男主女从的那一套规则。女性希望男性共同分担家务劳动和育儿责任，男性却在家庭内部表现出消极行为，如丧偶式婚姻、丧偶式育儿的家庭矛盾。我们曾在网上做《新时期妇女婚姻家庭状况调查问卷》，收回592份有效答卷，其中34.8%的女性反映丈夫在家庭中陪伴和教育孩子的时间远低于娱乐时间，47.97%的女性反映丈夫做家务劳动的时间远低于娱乐时间。男性落后的观念意识严重阻碍新爱情、婚姻、家庭伦理观念的生成，两性之间在爱情、婚姻、家庭、生育等人生的重大问题上存在严重的观念分歧。

为什么部分男性思想僵化，不能与时俱进呢？其一，仍然存在性别歧视和偏见。他们认同传统的男尊女卑、男外女内的文化观念，内心深处并不认同女性的发展和进步，认为女性就是感性的动物，相对于男性，缺乏逻辑思维能力，容易情感用事，喜欢冲动决策，作为一个女人就应该生育孩子、照顾老人和孩子、料理家务。他们不是用平等的目光看待女性，而是仍然用歧视和偏见来看待女性。他们既不尊重女性的贡献，也不懂得体贴女性的辛劳，甚至嫖娼的男性比比皆是，这些男性仍然将女性视为淫欲的虏获物和婢女，不尊重女性的身体、人格和尊严，以玩弄女性为荣，实质还是男权意识的作祟。当男性玩弄女性的时候，不是人性战胜了兽性，而是兽性战胜了人性，男性自身也处于异化的生存状态，男女两败俱伤。其二，男性不会主动放弃"男外女内"的传统观念给自己带来的利益和好处。"'思想'一旦离开'利益'，就一定会使自己出丑。"① 当妇女解放使妇女进入"主内也对外"的新发展格局时，男性固守"男外女内"的传统观念就是在为自己减少工作和压力，享受妇女照顾家庭和分担经济压力的舒适感、获得感。马克思认为，意识往往是人们社会存在的反映，"不是意识决定生活，而是生活决定意识。"② 社会生产方式和性别分工模式都已经发生深层次的社会变革，男性的意识却迟滞于时代的发展，这样必然导致男女的不同步、不协调和各种矛盾冲突。但性别平等制度必将不以男性意志为转移地代替性别不平等制度，所以，男性早晚必须尊重客观现实，使主观认识符合客观实际。

男性解放的当务之急是要从各种陈旧的观念、错误的观念中解放出来，与时俱进。要用男女平等的思想代替大男子主义的父权思想，要用尊重爱护女性的思想代替轻视玩弄女性的思想，要用支持欣赏女性的思想代替欺负压迫女性的思想。当然，男性解放也让男性从过去承受巨大社会压力的性别角色中解放出来。在旧的男主外的性别角色中，男性并不是自由发展，他们承受着养家糊口、掌管整个家庭的巨大压力，身不由己。随着妇女解放和男性解放，女性

---

① 马克思恩格斯文集：第1卷 [M]. 北京：人民出版社，2009：286.
② 同①，第11页.

和男性将共同支撑起社会发展的整个天空和共建共享和谐美满的家庭。男性在追求解放的同时不应当放弃男性在历史上形成的很多优秀品质,如孝悌忠信、礼义廉耻、仁义礼智信等;如富贵不能淫、威武不能屈、贫贱不能移的骨气、志气,如先天下之忧、后天下之乐而乐的胸怀抱负;如"壮志饥餐胡虏肉,笑谈渴饮匈奴血"的精忠报国、捍卫国家的勇气,等等。古代君子的道德追求、英雄的荡气回肠、政治家的雄才大略、教育家的循循善诱、思想家的深邃博学等,仍然是值得继承和学习的男性气质形象。男性在气质风格上尤其要防止"娘炮"文化的侵蚀,这种腐朽、畸形的文化,使越来越多的男性成了男不男、女不女的没有阳刚血性的伪男子,吞噬掉中华民族的血性精神,瓦解男性的战斗意志,使中华民族处于极大的危险之中。

男性解放和男性发展是内在一致、相辅相成的。男性解放就是为了实现男性自由全面的发展,男性发展反过来会促进男性解放。有一些研究认为社会上出现了男孩危机,男孩危机是指男生在各方面都落后于女生的现象。研究认为,男孩危机并不仅仅限于学业,男生在心理素质、体育体魄和社会适应能力方面,均落后于女生。造成这种现象的原因已有研究归结为:一是家庭教育对男孩的宠溺和娇生惯养;二是学校教育中没有因性施教,而且男教师严重缺失,男孩发育较女孩落后;三是各种不健康的社会因素的影响,如"娘炮"文化、网络游戏、网络淫秽信息等。男孩危机造成一部分男孩不能健康成长为社会有用之才,他们由于人格不健全,缺乏良好的生存发展能力,很容易走上违法犯罪的道路,对社会和女性的潜在危害都比较大。所以,男性解放和男性发展是辩证统一的,男性解放是要男性与时俱进,从男权意识中解放出来,确立男女平等的进步观念,男性发展是要男性不妄自菲薄,要自尊自信,自强不息,全面地发展自己的能力,成为社会有用之才,男性解放能促进男性的全面发展,男性不断地发展进步有利于男性进一步实现解放。

2. 男性解放发展的目标要求

新时代男性解放发展的目标是促进每个男性朝着自由全面发展的方向前进,做对社会有责任、对家庭有贡献的新时代的文明男性。

第一,尊重保护妇女是男性的基本文明素养。作为一个现代文明社会的男性,看其文明素养程度,最基本的衡量尺度就是对待女性的态度,尊重保护女性体现了男性具备基本的文明素养。马克思恩格斯非常赞同空想社会主义者傅立叶提出的,"某一历史时代的发展总是可以由妇女走向自由的程度来确定,因为在女人和男人、女性和男性的关系中,最鲜明不过地表现出人性对兽性的胜利。妇女解放的程度是衡量普遍解放的天然标准。"[①] 在男性和女性的关系中,男性如何对待女性,尤其可以表现出男性是人性战胜兽性,还是兽性战胜人性。只有当妇女在社会中普遍得到尊重和保护,才体现出男性的人性和人的本质。两性关系是判断人与人的关系和人的社会属性的参数或尺度之一,尊重保护女性是男性基本的文明素养。江泽民曾明确指出:"妇女和男子同是人类历史前进的推动者,同是社会物质文明和精神文明的创造者,应该具有同等的人格和尊严、同等的权利和地位。在人类自身生产中,妇女具有特殊的价值,做

---

① 马克思恩格斯全集:第2卷[M]. 北京:人民出版社,1956:249-250.

出了特殊的贡献。尊重妇女，保护妇女，是社会进步的一个重要标志，是文明社会应有的法律规范和道德风尚。"① 两性之间应逐渐形成求同存异、相互尊重、相互关爱、相互包容、相互帮助、共同成长进步的良好社会关系。因此，党和国家应重视采取切实有效的措施，消除卖淫嫖娼等社会丑恶现象和男性侵犯女性合法权益的违法犯罪行为，这既是对妇女的解放和保护，也是对男性的解放和保护。

第二，男性解放发展同样包含男性对家庭的贡献。和女性解放发展包含着女性对家庭的特殊作用一致，男性的解放发展同样包含男性对家庭的必要贡献。其实，传统的性别分工模式中，男性不仅要外出谋生，养家糊口，而且还有"子不教，父之过"的家庭教育的责任。当代社会一些男性出现"丧偶式婚姻""丧偶式育儿"现象，实质是独生子女政策造成对独生子女的宠溺，以及生存压力和科技带来生活方式异化等因素引起的。新时代男性对家庭的贡献既要有经济贡献，还要有教育子女、承担家务的重要贡献。国家已经意识到这一问题，如相继出台的《民法典》《家庭教育促进法》等，都要求男性平等地承担家务劳动和家庭教育的责任义务。两性平等既需要全社会积极扭转对私领域的固有偏见，也需要男性在私领域主动变革。人生幸福的根源在于正确的思想观念。男性适应新的社会发展要求，解放思想，更新观念，确立起男女共建共享幸福家庭的正确思想观念，很可能获得的是幸福美满的婚姻家庭。当一个人能够力所能及地承担更多的责任和履行更多的义务的时候，本身就是在劳动实践中不断实现解放和发展。

---

① 江泽民文选：第1卷 [M]. 北京：人民出版社，2006：107.

第六章　新时代马克思恩格斯两性关系思想的实践探索

第三，男性解放发展的实质是自由全面地发展，推进社会文明的不断进步。社会主义是共产主义的初级阶段，是从人的"以物的依赖性为基础的人的独立性"的发展阶段，逐步向人的"建立在个人全面发展和他们共同的、社会的生产能力成为从属于他们的社会财富这一基础上的自由个性"的发展转变的历史阶段。男性的解放发展虽然还不能完全脱离物的基础，但是追求个人全面发展和把共同的、社会的生产能力变成共同的社会财富，是男性解放发展在这个阶段的真正要求。那些追求个人功成名就、荣华富贵、高人一等的男性，实质还是处于人的"以物的依赖性为基础的人的独立性"的发展阶段。近代中国已经有很多男性已经朝着第三个阶段去追求自身的解放发展，如李大钊、毛泽东、周恩来、刘少奇、朱德、邓小平、钱学森、邓稼先、袁隆平、钟南山等，不为物所役，心怀人类解放的崇高理想，全面地发展自己的一切能力，团结带领人民把个人的社会生产能力不断变成共同的社会财富，实现社会文明进步，人民安居乐业，全体人民共同富裕。这才是真正的男性的解放发展。

3. 男性解放发展的榜样力量

近代以来，引领妇女解放运动和推动男女平等的中国进步男性是男性解放发展的先锋和榜样。马克思说："环境的改变和人的活动或自我改变的一致，只能被看作是并合理地理解为革命的实践。"①在中国近代革命运动的进程中，正是一大批接受了西方女性主义思想或者马克思主义妇女理论的先进知识分子挺身而出，为妇女的悲

---

① 马克思恩格斯文集：第1卷[M]. 北京：人民出版社，2009：503.

惨命运呼吁呐喊,他们立志改造性别不平等的旧中国,建设性别平等的新中国。如孙中山、李大钊、陈独秀、胡适、鲁迅、恽代英、李达、蔡元培、陈望道等,纷纷发表演讲或撰文批判封建制度对妇女的压迫和摧残,要求建设男女平等的新社会。

在新民主主义革命时期和社会主义建设时期,毛泽东、周恩来、刘少奇、朱德、邓小平等围绕妇女突出问题发表重要论述,揭示中国妇女受压迫的社会根源,高度肯定妇女群众的革命力量和社会主义建设的人力资源作用,号召组织广大妇女投身革命运动和社会主义建设以实现自身解放。邓小平、江泽民、胡锦涛高度关注妇女解放和全面发展以及男女平等,领导妇联组织推进妇女工作和妇女事业发展,使妇女解放和男女平等达到历史发展的新高度。可以说,先进的思想家、革命家和政治家,以及中国共产党的领袖群体,不仅是妇女解放运动的参与者,更是发起者、组织者和领导者。尤其是中国共产党的领袖群体,选择了共产主义崇高理想,以实现人类解放的宽广胸怀来对待妇女解放,推进妇女解放事业,促进男女平等,是妇女事业进步的重要贡献者。在中国共产党的教育影响下,上百万男性共产党员顺应潮流、率先垂范,在男女平等的进程中形成势不可挡的进步力量,深深影响着社会的性别文化观念和性别秩序。还有许许多多的男性同胞,虽然并非共产党员,但也顺应人类文明发展的潮流和客观趋势,解放思想更新观念,改变男尊女卑、重男轻女的思维方式,树立起男女平等、尊重保护妇女的进步思维方式。进步男性在促使妇女解放的同时,实质也是在进行男性解放。当代中国男性应当向近代以来积极推动妇女解放和男性解放的进步人士学习。

(三) 妇女解放发展与男性解放发展相得益彰

著名哲学家皮埃尔·勒鲁指出,"妇女应该在男子的帮助下和男子一道站起来,而男人也应该在妇女的帮助下和妇女一道站起来,而绝不要把两性之间的共同事业分割和区别开来。"① 虽然妇女解放和男性解放因为历史的缘故,具有不同的历史内涵,但从人的解放的本质要求来看,妇女解放和男性解放都是人类解放不可分割的组成部分。妇女解放和男性解放如同人类解放的双翼,相辅相成,相得益彰。

妇女解放绝不是妇女完全取代男性的位置,甚至压迫、统治男性,这从理论和实践两个层面来分析都是不可能的。妇女解放是要使妇女从阶级压迫和性别压迫中解放出来,作为平等自由的人和男性一起参与社会生活和家庭生活。妇女解放必然使妇女的素质能力得到很大的提升,在社会竞争中越来越具有实实在在的竞争力,这对男性而言,就意味着要保持原来的优势和机会,必须经得起女性发展带来的挑战。这种客观存在的两性竞争有利于提升整个社会人才的素质能力。男性在挑战面前如果能承受挑战,接续努力,自我完善,自我提高,那么又会反过来引起女性的追赶,形成良性的两性竞争和激励机制。实际上,两性之间既是相互竞争又是相互合作的关系,在竞争中有利于提高双方的素质能力,在合作中有利于实现双方共同的利益诉求。妇女解放和男性解放就是要力争造成这样既相互竞争又相互合作的有利局面。

---

① 皮埃尔·勒鲁. 论平等 [M]. 王允道,译. 北京:商务印书馆,2012:49

妇女在追求解放和自由全面发展的进程中，也一定要关注男性解放的问题。中华传统文化历来强调妇女对家庭和民族的特殊性和重要性，如"闺阃乃圣贤所出之地，母教为天下太平之源""妻贤夫祸少""至要莫若教子"，等等。孙中山先生曾说："天下太平安危看女人，家庭盛衰看母亲。"这些思想与近代德国学前教育学家费里德里希·威廉·奥古斯特·福禄贝尔提出的"国家的命运与其说是操在当权者的手中，倒不如说是握在母亲的手中"是完全相通的。当代作家梁晓声甚至认为好女人是一所学校。妇女应当加强自身道德情操的修炼，同时增强引领社会文明进步的自觉，关心男性的解放和发展问题。妇女如果不关心男性的解放和发展问题，男性的解放和发展问题没有解决好，对女性而言绝不是好事。男性获得解放和发展，才可能成长为人格健全，正直善良的人，才会对社会有贡献，对家庭有担当，对女性懂得尊重爱护。否则，就会出现许多人格不健全、性格很扭曲、道德品质很低劣的男性，这样的男性对社会和女性会产生很大的危害性。男性要正视历史与错误，积极扬弃异化的思想和行为，要从传统的男尊女卑、男外女内的观念中解放出来，尊重女性、爱护女性，与女性在家庭中共商共建平等合理的新的爱情婚姻家庭伦理，与女性在社会生产中密切合作、优势互补，共同提高生产效率，为共同富裕做出应有的贡献。在这样的情况下，才有可能增进彼此之间的情感信任和利益共同性，从而化解男女之间的隔阂矛盾。

马克思主张的人类解放是立足于个人的自由平等，但前提是个人置身于共同体中。他明确指出，"只有在共同体中，个人才能获得全面发展其才能的手段，也就是说，只有在共同体中才可能有个人自由。"① 人的解放并不是个体权益最大化的发展，而是在共同体中保障人人自由平等的发展，每个人既要自由地发展和发挥自己的全部才干，又要把其他人的发展看作自己发展的条件，同时，每个人的自由发展不仅不阻碍其他人的发展，而且能促进其他人的发展。"不论男性还是女性，都不应以牺牲对方作为发展自己的前提，而应该共建两性彼此尊重、平等和谐、共同发展两性伙伴关系。追求与重构没有性别成见、没有性别先见、没有性别歧视，公正而更富有人性的性别文化和社会环境，获取男女真正平等——两性和谐的社会空间。"② 男女两性的解放都离不开人类命运共同体，都是人类解放崇高事业的不可分割的组成部分。妇女解放发展应当是和男性解放发展同步推进，协调发展，妇女发展得越来越完善，男性也发展得越来越完善，两性之间同频共振，相亲相爱，合作共赢，和谐共生，这才是对社会文明进步比较有利的两性文明形态。

二、实现真正的男女平等和两性合作共赢

两性矛盾中的一个突出问题仍然是男女不平等。世界范围内男女平等程度比较高的国家是北欧、西欧的一些国家，如瑞典、冰岛、挪威、丹麦、芬兰等。这些国家男女平等的进步得益于经济、政治、文化的发展成就和女性主体意识的高度觉醒。以马克思主义为指导的社会主义国家在男女平等的进步方面也展现了特殊的制度优势。

---

① 马克思恩格斯文集：第1卷[M]．北京：人民出版社，2009：571.
② 印大双．后现代女权主义思想评析[D]．南京：南京师范大学，2006.

从长远来看,社会主义国家的男女平等程度在不久的将来有望进入世界前列。

(一) 两性之间利益关系的变化

如前所述,近代妇女解放运动之前,女性几乎没有财产权、没有财产继承权,甚至在资本主义的历史初期,女性仍然是无权无势之人,没有财产权、就业权、选举权、受教育权。如《傲慢与偏见》中,主人公伊丽莎白五姐妹就没有财产继承权。随着妇女解放运动的发展,女性对财产、就业、选举、教育等平等权利的诉求逐渐被政治统治集团接受,并通过立法的方式予以确立和保障。由此,两性之间的利益关系发生了深刻的变革。

过去,女性被剥夺了权利,在利益上几乎一无所有,因此,只有依附男性才能生存下来。现在,女性享有与男性平等的财产权、劳动权、选举权、受教育权等,女性在利益上基本可以做到经济独立、自主自立。当然,仍然有一小部分女性确实甘愿享受依附男性的生活,在家做全职家庭主妇、贤妻良母。还有一些女性出于虚荣心,攀附经济上成功的男性。但总体上女性可以实现经济独立,这就从根本上改变了男女两性之间的利益关系。这种利益关系的改变,深深影响着两性之间的其他社会关系。经济独立的女性必然对男性的要求越来越高,这也是存在"剩女"现象的主要原因。女性不再是利益上的寄生虫,而是利益的独立主体,女性经济独立奠定了情感独立、人格独立的基础。女性的幸福不再寄托于某个男性的身上,而是依靠自我的奋斗和拼搏。这种在利益上的性别分离,对女性是巨大的社会进步,但对两性关系来讲,目前是负面影响更大。通俗一点讲,就是女性不再像旧社会那样需要依附男性了,经济利益的性别分离引起两性关系的分离疏远。

如何应对这种负面影响?关键还在于男性要变革自身的观念。男性面对经济独立的女性,必须放弃传统的男外女内、男主女从的陈旧观念,形成适合新时代的男女平等的婚姻家庭伦理观念。传统的女性需要男性的经济贡献,是因为她们不能走出家门谋生。新时代的女性和男性一样在外工作,为家庭创造物质财富,她们不仅需要男性为家庭创造物质财富,而且需要男性更多的关爱、对家庭的贡献、对孩子的付出。因此,在女性经济越来越独立的社会条件下,新时代女性需要的男性和传统女性需要的男性是不一样的,所以,如果要在两性之间建立联系,男性必须解放思想,与时俱进,改变自己的观念和行为。否则,社会中会出现越来越多的剩女、剩男。

(二)务求在公私领域实现真正的男女平等

对于社会主义两性关系而言,男女平等是构建合理的两性关系的基石。马克思恩格斯两性关系思想关于两性关系的基本原则之一就是男女平等。很显然,今天两性关系中的许多矛盾仍然是由男女不平等引起的,尤其是私人的家庭生活领域的男女不平等是两性之间产生矛盾的主要原因。因此,必须采取有效的措施,务求在公私领域实现真正的男女平等。

1. 实现公共领域真正的男女平等

一百年来,中国共产党推动妇女解放运动和妇女事业发展,公共领域的男女平等的成就是有目共睹的。中国特色社会主义制度为公共领域的男女平等奠定了坚实的制度基础和政治前提。生产资料公有制为主体、按劳分配为主体的基本经济制度,保障了女性享有同男性平等的所有权、分配权,保障了女性独立的经济基础。《中华人民共和国妇女权益保障法》等专门法和其他法律中对妇女权益的规定,从法律上坚决地捍卫了妇女的合法权益,促进了男女平等。女性在文化教育、医疗保健、劳动就业、收入分配、参政议政等多个方面享有了更多的平等权利和发展成果。男女平等在权利平等、机会平等、结果平等三个方面越来越具有统一性。社会主义先进文化也深深影响着人们的性别观念,使男女平等的思想观念深入人心。

公共领域最突出的男女不平等应当是政治领域的不平等。政治权力的主导者仍然是男性,而不是男女在政治权力的分配和使用方面达到比较平衡的状态。当然,根据马克思主义唯物史观的基本原理,经济基础决定上层建筑,政治领域的不平等的根源还是在于经济领域的不平等。也许有人说,现在的女性几乎都掌管着家庭的财政大权,男人多数都是乖乖地把工资卡交给老婆的,男人甚至需要的零花钱都是被女性控制的,所以,男性成了无产者,女性才是有产者。其实,我们应该明白,能够成为家庭主导者的,永远都是那些挣钱的人或挣更多钱的人。"人们在社会上和家庭中的地位,归根到底是由人们在社会生产中的地位决定的。"① "当女性想尽一切办法从男人兜里翻钱的时候,就已经说明她们的弱势了"②。由于女性被迫在家庭中承担更多家务并生育孩子,所以更多的社会物质财富

---

① 江泽民文选:第1卷 [M]. 北京:人民出版社,2006:107.
② 陈培永. 女性的星空:恩格斯《家庭、私有制和国家的起源》如是读 [M]. 广州:广东人民出版社,2016:34.

第六章 新时代马克思恩格斯两性关系思想的实践探索

还是由男性创造的。2021年中国福布斯富豪榜排名前十位的都是男性。方兴未艾的信息产业、智能产业，主要创业者和从业者也都是男性。男性仍然占据着经济领域的优势，这也为男性掌控政治权力奠定了经济基础。党的十九大代表中的女性占比为24.2%。第十三届全国人民代表大会的女代表占比为24.9%，政协第十三届全国委员会的女委员占比为20.4%。所以，客观上讲，今天的中国还没有完全走出男权社会的社会结构。一方面是男女平等的显著成就，另一方面是经济、政治权力的男权社会结构也很显著。

要实现公共领域真正的男女平等，如果试图通过经济基础的平等来变革政治领域的不平等，其实是非常困难和不切实际的，除非女性卸下家务和生育的重任，可以完全地投入经济领域享有和男性平等的就业机会和晋升空间。虽然经济基础决定上层建筑，但是上层建筑并非是被经济基础机械决定的社会因素，上层建筑可以反过来反作用于经济基础。赋予女性在政治生活中更多的政治参与权力和决策权力，将有利于更有效地推进经济领域和政治领域的性别平等。

为此，党和国家应当提升妇女的政治活动能力和提高妇女的参政比例。列宁曾经指出，在社会主义建设过程中"我们的任务是要使政治成为每个劳动妇女都能参与的事情，"[①] "不仅要吸引妇女独立地参加一般政治生活，而且应当吸引她们参加经常的人人要担任的公务，否则，不仅社会主义，就连完备而稳固的民主制度也无从

[①] 中华人民共和国全国妇女联合会. 马克思 恩格斯 列宁 斯大林 论妇女[M]. 北京：中国妇女出版社，1978：296.

谈起。"① 在列宁看来，每个劳动妇女都能参与政治、参与国家管理和社会治理，才是真正的社会主义民主。1956年10月，毛泽东在同南斯拉夫妇女代表团谈话时讲道："在中国参加政府或全国人民代表大会的妇女毕竟还是少数。妇女的权利在宪法中虽有规定，但是还需要努力才能全部实现。""将来女同志的比例至少要和男同志一样，各占50%。如女同志的比例超过了男同志，也没有什么坏处。这个目的只能在全世界不打仗了，都进入了社会主义社会，社会主义的生产有了高度的发展，人民的文化、教育水平有了很大的提高的时候，才可以完全实现。"② 当代中国，社会主义的生产有了高度的发展，全体人民的文化、教育水平也有了很大的提高，逐步提高妇女的参政比例的社会历史条件已经越来越成熟。妇女这种参与政治经济活动能力的提升也离不开实践的磨砺，所以，也需要更多地参与政治经济活动的机会。

在女性参政方面，社会主义国家的确可以向其他做得比较有成效的国家学习经验。《2020年全球性别差距报告》显示，在追求性别平等的过程中，北欧国家继续领先世界。冰岛是性别平等状况最佳的国家，接下来依次是挪威、芬兰和瑞典。进入前十名的欧洲国家还有爱尔兰、西班牙和德国。在北欧、西欧国家中，相当多的女性登上政坛高位，如德国总理安格拉·默克尔的政治才能有目共睹，2019年德国的乌尔苏拉·冯·德莱恩当选欧盟委员会主席，法国的

---

① 中华人民共和国全国妇女联合会. 马克思　恩格斯　列宁　斯大林　论妇女[M]. 北京：中国妇女出版社，1978：257.
② 中华全国妇女联合会. 毛泽东　周恩来　刘少奇　朱德　论妇女解放[M]. 北京：人民出版社，1988：44.

第六章　新时代马克思恩格斯两性关系思想的实践探索

克里斯蒂娜·拉加德当选欧洲中央银行行长，桑娜·马林当选芬兰总理，索菲·维尔梅斯曾出任比利时看守内阁首相，等等。这些国家和地区的女性事业的进步，一方面得益于制定健全的法律保障女性权益和性别平等，另一方面得益于女性主义的激励和女性主体意识不断增强。女性积极投身经济、政治、文化等各个领域的公共事业，推动了女性解放和性别平等。2020年，新西兰总理杰辛达·阿德恩创造了历史，成为近30年来首位带孩子上班的国家领导人。她工作的时候，她的伴侣克拉克·盖福德则负责照顾孩子。这种把家庭融入工作的做法也是值得借鉴的，这样的话，更多的女性完全可以兼顾工作和家庭。非洲国家突尼斯立法规定了候选人和选举女性配额，到2018年，该国地方议会职位中，女性占比为47%。

其实，随着女性受教育水平的提高，广大妇女的参政议政意识和参政议政能力都显著增强，不再是只关心柴米油盐而不关心国家政治生活的家庭妇女。广大妇女十分关心国际国内时政热点，分析评议重大事件的能力不断提高，具有参与国家和社会事务管理的基本政治能力。广大妇女拥护党的领导和党的基本路线方针政策，积极发扬国家的主人翁精神，维护社会主义政治制度，完善社会主义法制建设。我们曾经就女大学生的思想政治状况向海南省六所高校的女大学生开展过问卷调查，调查结果显示，绝大多数女大学生能在党和国家发展的大是大非问题上明辨是非，站在正确的立场支持党和国家的重大决策。多数女大学生认同马克思主义的指导地位和中国特色社会主义发展道路，拥护习近平同志为核心的党中央的集中统一领导和中国共产党作为国家最高政治领导力量。

总之，中国要实现公共领域真正的男女平等，党和政府还必须采取各种措施和政策，着力解决经济领域和政治领域这两个重要领域仍然存在的男女不平等问题。开发妇女人力资源的巨大潜能，培养和造就更多的高素质女性劳动者、高科技女性技术人员和社会管理人才，对实现中华民族伟大复兴，建成富强、民主、文明、和谐、美丽的社会主义现代化强国也具有重要的战略意义。经济领域和政治领域的男女平等是相辅相成、相互促进的，在经济领域必须依法制止一切可能出现的就业性别歧视、晋升性别歧视和男女同工不同酬的问题，在政治领域应当采取有效的措施提高女性的参政比例和提高女性参政能力，使女性的管理决策水平达到甚至超过男性的管理决策水平。在经济政治活动中选拔任用人才的时候，要能真正做到破除性别偏见的选贤任能。当政治真正成为每个中国妇女都能参与的事情，更多的女性能够在重要的领导岗位做出有目共睹的成就的时候，我们相信，中国社会的男女平等程度已经离世界第一的冰岛并不遥远了。

2. 实现家庭领域真正的男女平等

如果说社会主义制度和法律法规促进了公共领域的男女平等，女性也发自肺腑地认同公共领域的男女平等的显著进步。虽然经济政治等领域还存在男女不平等现象，但今天的中国女性在绝大多数情况下可以和男性平等地接受教育、平等地获得就业机会、平等地获得经济收入，相比像阿富汗、印度、巴基斯坦、叙利亚、沙特阿拉伯等存在严重性别歧视的国家，中国女性由男女平等带来的自由和幸福是有目共睹的。

其实，中国当代社会很多女性的不满源自家庭领域的男女不平等。对于中国绝大多数家庭来讲,夫妻都要外出工作,为家庭谋取宽裕一点的经济收入。有些男孩在谈恋爱的时候为了让女孩开心满意,会哄女孩子说"你不用那么辛苦,我可以养你一辈子"。这种关系的恋人最终往往会在现实生活中碰得头破血流,因为依附性的恋人关系必将承受不住现实生活的磨砺。夫妻都外出工作赚钱,而且很多夫妻的收入水平相当,单就这点来讲,是实现了真正的男女平等。但当夫妻回到家、关起门来的时候,男女不平等就开始弥漫在家庭的各个角落。我们曾向六百多位女性开展过《新时期妇女婚姻家庭状况问卷调查》,调查结果显示,约9%的妻子因为生育女孩遭到家庭歧视;约14%的妻子包干家务;约30%的妻子比丈夫承担更多家务劳动;夫妻平等分担家务劳动的家庭只占36.49%。约34.8%的丈夫"陪伴教育孩子的时间远远低于娱乐时间";约47.91%的丈夫"家务劳动时间远远低于娱乐时间";约37.33%的妻子因为家庭与职业的双重压力感到身心疲惫。如果放在全国范围来进行调查,可能这些数据还会更糟糕。"丧偶式婚姻""丧偶式育儿"令许多已婚女性感到痛苦不堪,使许多未婚女性在爱情婚姻面前犹豫不决,生怕陷入不幸的婚姻家庭。正如列宁所说:"尽管颁布了种种解放妇女的法律,但妇女仍然是家庭奴隶,因为琐碎的家庭事务压迫她们,窒息她们,使她们愚钝卑贱,把她们缠在做饭、管小孩的事情上;极端非生产性的、琐碎的、劳神的、使人愚钝的、折磨人的工作消耗着她们的精力。"①

---

① 中华人民共和国全国妇女联合会. 马克思 恩格斯 列宁 斯大林 论妇女[M]. 北京:中国妇女出版社,1978:289.

整个社会对女性的要求很高,对男性的要求相对很低。男性只要能够赚钱养家就可以打及格分,是一个合格的丈夫和父亲。但女性却既要对家庭有独特的作用和贡献,又要撑起社会的"半边天"。这明显的是对男性女性采取了双重标准。有很多女性表示,妇女越解放越累,还不如过去只主内比较幸福一些。很显然,妇女解放并没有错,妇女解放使女性走向独立、自由和全面发展,释放女性的潜能和发挥女性的才干,使女性因为自己的贡献而理所当然在社会和家庭中处于平等的地位。旧社会女性被禁锢在家庭内从事家务劳动和生育,并不是真正幸福的生存样态。当代女性之累,问题根源不在妇女解放,更不是要回到过去男外女内的被压抑的生活中去。问题的根源在于男性不愿意放弃男外女内给他们带来的好处和利益。很多男性工作之余回到家就是玩手机、打游戏、家中躺平,他们不能体谅女性工作之余回到家还要操持家务、管教孩子的辛苦,也不愿意共同承担家庭责任,归根结底还是比较自私的表现,甚至也可以视为男性对女性的一种毫无公平可言的剥削和压榨,剥削和压榨女性的家务劳动。

随着妇女解放,除少数女性选择做家庭主妇,全心全意相夫教子、照料老人、料理家务外,多数女性是内外联动,家庭和职业兼顾,既主内也对外。在这种社会变革之下,比较公平合理的要求就是男性也应该内外联动,既主外也对内。所以,要实现家庭领域真正的男女平等,绝不是让女性回家,然后回到男外女内的传统分工之中,而是应该在全社会引导男性解放思想观念,适应妇女解放之后女性内外兼顾的发展趋势,从男外女内的传统观念中解放出来,树立男性也内外兼顾的新的婚姻家庭伦理观念。当然,这种男女内

第六章 新时代马克思恩格斯两性关系思想的实践探索

外兼顾的家庭建设理念并不是绝对的分工,有一些家庭中,丈夫或者妻子具有卓越的才能能为国家和人民做出杰出的贡献,那另一方可以适当多承担一些家庭责任。如钟南山院士的妻子做好家庭的后勤保障工作,让钟南山院士能够心无旁骛地为国效力;再如陈薇院士的丈夫为了让妻子能够安心做好疫苗研究的工作,承担了主要的家庭责任。这就是夫妻之间的默契配合。从这个意义上讲,如果男性或者女性因为承担了巨大的社会责任,而无暇分担家庭责任,也是情有可原的。但是,在现实生活中,大多数组成家庭的男女之间的才能并不存在显著的差距,在家中,男女的职业发展和家庭责任应当达到相对的平衡协调发展。

男性从事家务劳动和教育孩子,更有利于男性的全面发展。家务劳动也是人类社会的必要劳动,家务劳动的过程也是人类创造性地进行劳动的过程,体现人的本质力量。教育孩子也是一个人自我成长的过程,要能把孩子教育好,就需要做父亲的男性思考教育的本质、人的成长规律等,所以,教育孩子也是男性自我成长、自我完善的重要过程。随着社会进步,越来越多的男性成为家务劳动的行家里手,成为养育孩子的专家。这些男性自我的心性也在不断修炼成长之中。而且据有关研究表明,与基本不运动的人相比,每天从事一定家务活动的人,死亡风险降低12%。这也许正是女性普遍比男性长寿的重要原因。男性从事家务劳动还有利于男性长寿。

当然,恩格斯在主张妇女走出家门参加社会生产劳动的时候,已经考虑到外出劳动和家庭照料之间的矛盾。而且马克思恩格斯曾经认为女性外出工作对家庭破坏很大,孩子得不到良好的照料和教育,夫妻感情冷淡,女性道德水平下降等。恩格斯在《家庭、私有制和国家的起源》中认为,解决妇女外出劳动和照料家庭的矛盾的根本途径是实现家务劳动社会化和孩子养育社会化。其实,恩格斯还有一个观点也是可以解决这个问题的,那就是在分工和私有制产生之前,家务劳动和社会生产同样都是有价值的。如果现在在社会层面将家庭领域的劳动活动与公共领域的劳动活动摆在同等高度,让两个领域中的劳动具有同等的价值,"这样,女性就不会以实现公共领域的价值来作为提高自身地位的方式,男性也不会因家庭领域价值低而拒绝从事家务劳动。男性两性可以在相同的价值判断标准上根据自己个性发展的需要,自由地选择不同的工作领域。"[①] 未来共产主义社会很有可能实现这样的发展目标,由喜欢做家务和喜欢养育孩子的人来承担这些工作,人们各尽所能、各得其所、按需分配。家庭也不再是生产单位,而仅仅是和男女两性相爱有关的社会细胞了。虽然还达不到共产主义的发展程度,但是公共食堂、托儿所、幼儿园、学校、先进的机器设备等,还是在一定程度上缓解了家庭建设的压力。男性和女性需要守好的就是家庭教育的阵地和承担起一部分还未能成功社会化的家务劳动。

总之,实现家庭的男女平等就是要使男女在生育、家庭教育、家务劳动等方面能够形成相对合理的分工和担当。男性不能固守传统男外女内的观念,更不能心安理得地认为自己只需要承担挣钱养家的责任。家庭是大家共建共享的幸福港湾,男女都应为家庭的幸福美好做出自己力所能及的贡献,男性自觉地履行一部分家庭义务,也是对女性真正爱护、公平对待的体现。

---

① 冷舜安. 当代中国性别和谐研究 [D]. 长沙:湖南师范大学,2011.

（三）力求两性在生产中合作共赢

男女平等是解决两性之间诸多矛盾冲突的根本要求。人类总是在追求公平正义的路上，男女平等本身是公平正义的重要标志。在男女平等的基础上，两性还要力求在生产中实现合作共赢。人类历史表明，两性在生产中合作共赢，是推动社会进步的重要历史合力。

以中华人民共和国成立之后的社会发展为例，获得解放的中国妇女积极投身社会生产和各个领域的劳动，积极为社会发展贡献"半边天"力量，为中华民族从站起来、富起来到强起来做出了不可磨灭的贡献。各国劳动参与率是衡量各国人民参与经济活动状况的指标。根据美国国家统计局发布的一组各国劳动参与率数据，中国人劳动参与率居世界之首，而中国妇女的劳动参与率高于70%，也居世界之首，甚至高过整个法国男人劳动的参与率。因此有人认为："中国男人把中国带到了世界的前列，而中国女人则把中国变得卓越超前。"没有妇女的"半边天"贡献，我们很难想象今天的中国能够成为世界第二大经济体，能够在中华大地上全面建成小康社会从而历史性地解决绝对贫困问题。我们看到世界范围内还有一些国家，女性被排斥在社会生产之外，既不能自由发展，也不能为社会做贡献。如印度，妇女劳动参与率不到30%。这些国家的发展犹如鸟儿断掉一只翅膀，车子失去一边的车轮，难以形成两性都为社会进步做贡献的巨大历史合力。

人民群众是历史的创造者，是历史的主体。过去的人类历史，妇女缺乏参与社会发展的机会，大多被限制在家庭中贡献自己的聪明才智和勤劳汗水。马克思主义区别于历史上的唯心史观和英雄史观，创立了唯物史观和群众史观。马克思主义指认的历史创造者包括广大女性在内，女性和男性同样创造了人类历史，同样创造了物质财富和精神财富。随着妇女解放运动的推进，妇女越来越勇敢坚定地走近历史舞台的中央，和男性共同创造历史、改造世界，彰显出历史的主体性、伟大的创造性。

今天，绝大多数中国妇女通过自己的艰苦奋斗和顽强拼搏，在为社会作出贡献的同时实现了自身的自由、独立、尊严、价值和平等。政界、商界、学界涌现出大批德才兼备的优秀女性人才，如孙春兰、沈跃跃、董明珠、陶碧华、屠呦呦、陈薇、李兰娟、乔杰、张桂梅、樊锦诗，等等。工人、农民、教师、军人、医护人员、科技工作者等职业领域杰出的女性比比皆是。农村建设和运用电商平台创业的超过55%是妇女。大多数中国妇女不辞辛苦，早出晚归、艰苦创业、顽强拼搏，与男人共同承担着家庭建设与社会发展的重要责任。毫不夸张地讲，"妇女能顶半边天"已经名实相副。

所以，中国式现代化道路和人类文明新形态，也体现于两性在物质生产过程中的合作共赢。中国俗话说：男女搭配，干活不累。随着女性受教育水平提高、素质能力得到提升，女性在很多领域完全可以和男性展开交流合作。男性不应该再以过去的眼光来看待女性、质疑女性，以高高在上的姿态对女性投去鄙夷的目光。男性应当积极地看待女性的进步和发展，尊重女性通过努力取得的成就，并同时注重自我潜能的开发和素质能力的提升。其实，在社会主义制度下，全体人民都是利益的共同体，男女两性也是利益共同体。虽然男女两性也存在具体时空下的具体竞争，但竞争并不是资本逻辑操控下的零和博弈，竞争是推动科技创新和提高劳动生产率的有

第六章　新时代马克思恩格斯两性关系思想的实践探索

力杠杆。两性之间完全可以相互尊重、相互合作、相互理解、取长补短、文明竞争，共同创造先进的社会生产力，为社会文明进步奠定物质基础，从而真正实现合作共赢。

马克思认为，"每个了解一点历史的人也都知道，没有妇女的酵素就不可能有伟大的社会变革。"① 妇女参与社会变革和社会生产，是现代化文明形态的基本要素之一。只要印度、阿富汗等国家依然试图限制和禁锢妇女的全面发展和聪明才智，它们就是仍然徘徊在现代文明门槛之外的旧文明。即使是经历了三次女权主义运动的美国这样的资本主义国家，也剥夺女性成长的机会。美国女性主义学者贝蒂·弗里丹在《女性的奥秘》中批判了美国妇女问题的社会根源："也许这只是个病态的社会，不愿面对它本身的问题，想象不出与其成员的能力和知识相适应的目标和意图，只是想忽视妇女的力量。也许这只是个病态或尚未成熟的社会，愿意让妇女做'家庭主妇'，而不做人。"② 资本主义制度和父权制制度本质上会束缚和限制妇女的发展。社会主义制度与资本主义制度截然不同，它坚决反对父权制，不仅不限制妇女参与社会生产，而且放开一切经济领域为妇女发展提供自由选择的机会，并在客观条件的基础上为妇女的全面发展创造最有利的社会环境。由此可见，以马克思主义为思想指南的社会主义文明必将超越资本主义文明。

---

① 马克思恩格斯文集：第 10 卷 [M]．北京：人民出版社，2009：299．
② 贝蒂·弗里丹．女性的奥秘 [M]．巫漪云，等译．南京：江苏人民出版社，1988：218．

三、健全男女平等和两性和谐共生的社会主义性别制度

两性和谐共生可以说是马克思恩格斯两性关系思想的最后结论,也是两性关系发展的崇高理想和美好目标。如果说妇女解放、男女平等、两性合作共赢根本上是要解决两性之间的利益矛盾问题,那么两性和谐共生的根本意义是要在利益公平的基础上解决两性之间的情感矛盾问题。"两性关系与其他社会关系不同,它除了具有权利资源来衡量的社会性外,还有用爱情和婚姻来表达的情感性,而且一定程度上,后者可以化解前者所带来的冲突。"① 制度是根本性的、长远的。我国已经建立起比较完备的男女平等的基本制度,为促进妇女解放和男女平等提供了坚实的制度保障。在社会主义根本制度的基础上,构建两性和谐共生的社会主义性别制度,是促使两性和谐共生的根本路径。

(一)加强党对男女平等和两性和谐共生进步事业的领导

中国共产党从诞生之时起,"在革命、建设、改革各个历史时期,我们党始终坚持把实现妇女解放和发展、实现男女平等写在自己奋斗的旗帜上,始终把广大妇女作为推动党和人民事业发展的重要力量,始终把妇女工作放在重要位置。"党的坚强有力的领导,是妇女解放和男女平等事业取得伟大成就的关键。

---

① 胡晓红. 两性和谐的哲学理解 [J]. 妇女研究论丛, 2005 (1): 9-13.

第六章 新时代马克思恩格斯两性关系思想的实践探索

新时代，坚持以马克思恩格斯两性关系思想为指导，还要把两性和谐共生的思想纳入党的执政理念当中，加强党对男女平等和两性和谐共生进步事业的领导。纵观党的历代主要领导人，不仅是男女平等的推动者，而且自身也是两性和谐共生的践行者。只不过过去主要意识到了男女平等的重要性，而忽视了两性和谐共生的重要性。党对两性和谐共生进步事业的领导，重在理念倡导、顶层设计和制度安排。理念倡导是指党要把两性和谐共生的理念融入治国理政的理念之中，顶层设计是指党要将两性和谐共生的发展要求和发展路径融入社会发展的总体布局和战略布局之中，制度安排是指党要注重在男女平等的制度设计中融入两性和谐共生的价值元素、将男女平等的制度拓展成为男女平等和两性和谐共生的性别制度。加强党的领导要求全面从严治党，建设一个能始终走在时代前列、推动人类文明进步潮流的无产阶级政党。党员干部应注重个人道德修养，加强生活作风和家风家教的建设，为广大人民群众做男女平等和两性和谐共生的文明榜样。

（二）完善实现男女平等和两性和谐共生的社会主义根本制度

生产力决定生产关系，经济基础决定上层建筑，男女两性关系能否平等和谐根本取决于经济领域中的性别平等。我国实行的生产资料公有制为主体，多种经济成分并存，按劳分配为主体，多种分配方式并存以及社会主义市场经济体制等基本经济制度，从根本上保障广大妇女享有基本的生产资料所有权或使用权和相应的经济利益，是男女平等、和谐共生的经济制度基础。我国实行的是工人阶级领导的、以工农联盟为基础的人民民主专政的国体,国家的一切权力属于人民,保障广大妇女参与国家和社会事务管理、制定或修订法律法规等基本政治权益。人民代表大会制度是我国的根本政治制度,是人民民主的集中体现,是实现包括妇女在内的全体人民政治权利的基本制度形式。中国特色社会主义先进文化制度坚持马克思主义在意识形态领域的指导地位,构建社会主义核心价值观,弘扬中华优秀传统文化和革命文化,有利于逐步消除腐朽落后的性别文化,构建和谐包容的性别文化环境。总之,正如党的十九届四中全会公报概括的,中国特色社会主义制度具有十三个显著的制度优势。这些制度优势都体现在充分尊重人民群众的利益诉求,坚持问题导向,及时有效地解决人民群众的困难和问题,不断推进社会公平正义,为现阶段妇女解放发展、男女平等和两性和谐共生提供根本制度保障。

(三) 建立健全实现男女平等和两性和谐共生的法律法规

我国保障妇女合法权益和促进男女平等的法律法规体系已经构建起来。《中华人民共和国宪法》(2018 修正)第四十八条明确规定:"中华人民共和国妇女在政治的、经济的、文化的、社会的和家庭的生活等各方面享有同男子平等的权利。国家保护妇女的权利和利益,实行男女同工同酬,培养和选拔妇女干部。"《中华人民共和国宪法》关于男女平等的明确规定为其他法律法规维护男女平等、保障妇女权益奠定了坚实基础。改革开放以来,我国制定了系列专门保护妇女权益的法律,如《中华人民共和国妇女权益保障法》《中华人民共和国母婴保健法》《女职工劳动保护规定》等;其他含

第六章　新时代马克思恩格斯两性关系思想的实践探索

有保护妇女权益条款的法律，如《中华人民共和国民法典》《中华人民共和国劳动法》《中华人民共和国刑法》等。这一系列法律法规将男女平等和保障妇女基本权益上升为国家意志，内化为社会的基本行为规范，是妇女合法权益的有效制度保障，能够确保妇女生存发展的平等权益，确保妇女在社会主义建设过程中发挥自身的重要作用，更好地实现自身的价值。

今后建立健全和完善修订法律法规，要注重解决当前两性关系的主要矛盾和问题。其一，针对侵害妇女合法权益的违法犯罪行为，应进一步修订和完善相关法律。针对一些极其恶劣的侵犯女性的犯罪行为，还有必要借鉴国际上其他国家比较有效的法律法规。由于科技突飞猛进，犯罪分子利用网络侵犯妇女合法权益的新犯罪行为也应当及时进行法律法规规范。法律应当及时关注现实生活中侵犯妇女合法权益的新型违法犯罪行为，确保全方位保护妇女的合法权益。其二，针对两性婚姻家庭领域的矛盾冲突问题，要研究如何通过法律法规的制定和修订来促进解决。如我国颁布的《中华人民共和国民法典》中的部分新规直指当前我国性别平等社会化进程以及婚姻家庭中存在的主要矛盾，这有利于推进性别平等，完善婚姻家庭制度，促进家庭和睦、社会和谐。如"离婚冷静期"的规定能够减少很多冲动型离婚，对夫妻双方修复婚姻关系起到了积极作用；而关于离婚补偿妇女家务劳动的规定，也一定程度上解决了家务劳动长期作为无偿劳动的不公平问题。这些规定都是符合马克思主义的。还有《中华人民共和国家庭教育促进法》规定了作为父母的家长的责任，避免父亲在家庭教育中的缺席。总之，爱情、婚姻、家庭领域的主要矛盾冲突，可以通过立法、用法的途径依法有效地解决。

（四）构建全社会共同推动男女平等和两性和谐共生进程的制度机制

党是男女平等和两性和谐共生事业的领导者。在党的领导下，人民代表大会制度是立法推动男女平等和两性和谐共生的根本保障，人民政府是推动男女平等和两性和谐共生的责任主体，还要发挥人民政协的协商、监督和参政议政作用。妇联组织是推动男女平等和两性和谐共生的基本组织力量，妇联组织不仅要关注妇女解放发展和男女平等，还要关注男性解放发展和两性关系的和谐安定问题。机关事业单位和企业也对推动男女平等和两性和谐共生负有义不容辞的社会责任，应自觉贯彻落实男女平等基本国策和宣传国家相关政策规划、相关法律法规。城乡基层社区应大力倡导男女平等和两性和谐共生的性别文化，把基层社区建成促进男女平等和两性和谐共生的坚强阵地。幼儿园和大、中、小学是宣传男女平等和两性和谐共生文明理念的主要阵地，要从幼儿开始，并且在青少年中积极开展男女平等和两性和谐共生的性别文明教育。社会中的每个家庭都是践行男女平等和两性和谐共生的实践阵地，每个成员都是推动男女平等和两性和谐共生的主体力量。发挥全社会共同参与的合力作用，共同推动男女平等和两性和谐共生的进程，将更好地满足人民日益增长的美好生活需要，促进人的自由而全面的发展。

四、构建男女平等和两性和谐共生的社会主义性别文化

消除男尊女卑、男主女从的性别文化,构建发展男女平等和两性和谐共生的社会主义性别文化,有利于人们树立进步的性别文化观念,逐步改变对两性关系的错误认识和判断,进而在实践中理性地处理好两性关系,消除两性关系的矛盾冲突,从而构建平等、和谐、幸福的两性关系。构建男女平等和两性和谐共生的社会主义性别文化,既要批判和摒弃旧的腐朽落后的性别文化,也要全面地汲取、继承和弘扬人类文明史上的优秀性别文化。

(一) 坚持以马克思恩格斯两性关系思想作为指导思想

性别文化是人类文化中的一个类别。性别文化指的是社会对男性、女性及两性之间关系的基本观点、看法以及与此相适应的社会共同承认的思想观念、制度措施、价值判断、伦理道德等意识形态及其表现。性别文化有先进和落后之别,先进性别文化是随着"先进文化"概念的提出而逐渐生成的概念。彭珮云认为,"先进的性别文化是男女平等的社会关系在意识形态上的反映,它公正评价妇女在创造人类文明、推动社会发展中的作用,认为妇女与男子应该具有同等的人格和尊严、同等的权利和地位,提倡男女平等相处,相

互尊重,共同进步,协调发展。"①

新时代构建社会主义先进性别文化要坚持以马克思恩格斯两性关系思想作为指导思想。马克思恩格斯两性关系思想深刻揭示了两性关系的辩证统一性、两性关系对立冲突及社会历史根源,并指明了解决两性关系对立冲突的根本途径是妇女解放、男女平等和两性和谐共生的辩证统一。马克思恩格斯两性关系思想是指导构建社会主义先进性别文化的根本指南。要以妇女解放作为先进性别文化的主旋律,以男女平等作为先进性别文化的底色,以两性和谐共生作为先进性别文化的根本价值指南,牢牢掌握社会主义先进性别文化发展的前进方向。

坚持以马克思恩格斯两性关系思想作为指导思想,要求必须坚决地批判和摒弃一切腐朽的、落后的性别文化。第一,要批判和摒弃封建落后的性别文化。封建落后的性别文化概括而言就是三从四德、三纲五常、男尊女卑、重男轻女、男主女从、男外女内、男强女弱、妇女节烈观、女子无才便是德等禁锢和扼杀妇女发展、男女不平等的文化观念。现在社会上有一些人办国学班,宣扬的妇女理论其实就是封建妇女观,这是一种巨大的历史倒退。应当警惕文化复古主义思潮。第二,必须批判和摒弃资本主义腐朽的性别文化。这种文化也不把妇女当人,而是把妇女当成一种商品,一种玩物,诱使妇女陷入拜金主义、享乐主义、消费主义的异化生存样态,沦为金钱和欲望的奴隶,甚至不惜为了金钱将肉体与灵魂出卖给任何

---

① 彭珮云. 积极投身全面建设小康社会的伟大实践 促进妇女进一步解放和发展: 在中国妇女第九次全国代表大会上的讲话 [J]. 中国妇运, 2003 (10): 23 – 27.

第六章 新时代马克思恩格斯两性关系思想的实践探索

人。封建主义制度和资本主义制度可以用革命的方式去推翻,但思想观念的变革却很难用革命的暴力的手段去完成。摒弃扫除腐朽落后的性别文化,建设社会主义先进性别文化,既要通过生产方式的变革,也要通过更新观念和改善思维方式。

(二) 批判继承中华优秀传统文化的性别和谐文化

中国几千年的传统性别文化固然是男尊女卑、重男轻女的文化,但撇开这一主流的、腐朽的性别文化,还存在着性别和谐的优秀文化。建设两性和谐共生的社会主义性别文明,亟待大力弘扬中华优秀传统文化的性别和谐文化。

首先,儒家传统文化虽然强调男尊女卑,但同时包含着性别和谐的思想主张。剔除男尊女卑的腐朽思想,性别和谐的思想是值得继承的。《周易·系辞上》曰:"一阴一阳之谓道,继之者善也,成之者性也。"① 一方面,阴阳学说为男尊女卑思想奠定了理论基础,另一方面,阴阳学说也表明了两性作为阴阳对立的两个面,相互依存、相互渗透、相互制约、相互转化,不能够失去平衡,需要协调发展。由此,儒家学说中留下许多强调两性和谐共处的主张,如相敬如宾、夫妻恩爱、情深意笃、忠贞不渝、患难与共、夫义妇德、妻贤夫安、夫唱妇随、相互勉励、家和万事兴,等等。

其次,道家思想中蕴含着丰富的两性和谐共生的思想。道学和道教的思想主张中饱含着男女同道、阴阳并重、阴阳和合的性别和

---

① 冯友兰. 中国哲学简史 [M]. 赵复三, 译. 天津: 天津社会科学院出版社, 2005: 149.

谐思想。所谓"男女同道",在道家看来,就是"道自虚无生一气,便从一气生阴阳,"①世间万物包括男女在内都是由"道"而生,因此,男女在根本上具有同一的原理和价值根据,二者应当具有同等地位。所谓"阴阳并重",是肯定男女两性之间不仅同道,而且存在客观的差异,男性、女性各自有独特的性别特征和性别优势,都具有难能可贵的存在价值,这是从事实上肯定了男女的平等地位。所谓"阴阳和合",有阴有阳,才能够更加的和谐,才可以达到平衡,形成一个完整的整体。如"夫生者皆反其本,阴阳相与,合乃能生"②"阳变于阴,阴变于阳,阴阳相得,道乃可行"③"阴气阳气更相磨砺,乃能相生"④等思想,揭示了两性之间相互依存、相互激励、相互协调的辩证联系。在道家看来,"男女各出半力,同志和合,乃成一家,"⑤单独的男人或女人都是不完整的存在,需要通过相互联结、相互作用才能使自己成为完整意义上的人。道家的观点表明,男女两性之间,只有维持平衡,形成和谐发展的局面,人类才能繁衍生息;如果人类破坏这种和谐平衡的话,必将遭到客观规律的惩罚。

最后,中国传统诗词文化中蕴含着丰富的性别和谐文化。最早在《诗经》中,就有流传至今、世人耳熟能详的描写青年男女恋爱的诗歌——《关雎》。"关关雎鸠,在河之洲。窈窕淑女,君子好

---

① 陈全林. 周易参同契注译. 悟真篇注译 [M]. 北京:中国社会科学出版社,2004:216.
② 吴枫,宋一夫. 中华道学通典 [M]. 海口:南海出版社,1994:107.
③ 同②,第279页.
④ 同②,第1960页.
⑤ 王明. 太平经合校 [M]. 北京:中华书局,1985:715.

述。参差荇菜，左右流之。窈窕淑女，寤寐求之。求之不得，寤寐思服。悠哉悠哉，辗转反侧。"人们从诗中品味到的是古代男子对窈窕淑女疯狂的相思与追求。汉代乐府民歌记载，"上邪！我欲与君相知，长命无绝衰。山无棱，江水为竭，冬雷震震，夏雨雪，天地合，乃敢与君绝！"这种要与爱人永远相亲相爱、对爱情忠贞不渝的誓词，正是两性和谐之美的赞歌。传统文化中还有很多诗词、俗语表现了性别和谐美好的思想，如"问世间，情为何物，直教生死相许？""愿得一人心，白首不相离。""月到柳梢头，人约黄昏后。""曾经沧海难为水，除去巫山不是云。""两情若是久长时，又岂在朝朝暮暮。""在天愿作比翼鸟，在地愿为连理枝。""只羡鸳鸯不羡仙""夫妻同心，其利断金"，等等。这些思想文化都反映了古人对男女性别和谐、相亲相爱、同心同德的重要性和美好情感的深刻认识。

综上所述，中国传统文化中蕴含着丰富的性别和谐的思想主张，揭示和反映了性别和谐共生的客观规律，阐释了两性辩证统一性的重要性，表明性别和谐对人的发展和社会历史发展很重要。传统性别和谐文化与马克思主义蕴含的两性和谐共生的思想实质是相通相融的。无论从两性相亲相爱、相互结合、生儿育女、繁衍后嗣，还是从人对爱情、对亲情等情感的需要，两性和谐共生都是人类生存发展和追求美好生活的必然要求。传统的性别和谐文化，是建设两性和谐共生的社会主义性别文明的重要文化资源和思想智慧。

（三）大力弘扬马克思主义中国化的革命性别文化

近代以来，中华民族文化危机引发的文化变革直接导致革命文化出现。五四运动之后,马克思主义成为中国文化发展的生力军。马克思主义指导的革命文化造就了中国特色的革命性别文化。其主要特征有:妇女摆脱封建性别文化的桎梏,朝着妇女解放的道路迅跑;妇女解放始终是与国家解放,民族解放、阶级解放紧密融合在一起的;劳动妇女是妇女解放运动的首要目标人群,也是妇女解放运动的骨干力量;对于女性解放运动而言,男性不仅是同盟军,而且还是进步潮流的引导者。

革命性别文化将男女平等作为妇女运动的政治口号和社会实践,推动了广大妇女的思想解放和政治觉醒,为广大妇女指引了一条争取解放的正确道路,从根本上改变了妇女长久以来男尊女卑、男外女内的生存样式,塑造了广大妇女投身革命和妇女解放运动,争取自由解放的生存样式。这种革命文化背景下形成的革命的、民主的性别文化,对于当代和今后的中国妇女都是一笔宝贵的精神财富。只要社会上仍然存在对妇女的剥削、压迫、歧视、侮辱、侵犯、迫害等不公平、不合理的现象,妇女就要大力发扬革命光荣传统和勇敢斗争精神,敢于临危抗暴、英勇斗争、不怕牺牲,捍卫自己的人格、尊严、价值、平等和权利。革命年代许许多多的女英雄、女烈士的革命斗争品格要代代传承下去,男女携手推动革命共谋自由解放的优良传统要代代传承下去。

(四)坚持社会主义先进文化的前进方向

构建社会主义先进的性别文化,还要坚持社会主义先进文化的前进方向。"社会主义先进文化,是中国共产党领导全国人民,在社会主义建设和改革的实践中,在马克思主义指导下,培育和创造的

第六章　新时代马克思恩格斯两性关系思想的实践探索

与社会主义制度、理论、道路相契合的民族的科学的大众的文化形态。"①

社会主义先进的性别文化既是社会主义先进文化的组成部分，又是在社会主义先进文化指引下的关于性别关系问题的思想意识。社会主义先进文化追求共产主义的崇高理想、倡导社会主义核心价值观、传承中华优秀传统文化，标志着社会进步发展的正确方向。社会主义先进文化为新时期广大妇女的思维模式和行为模式的现代变革提供了强大的智力支持和精神动力，也为改变不平等、不和谐的两性关系提供了文明进步的社会文化环境。社会主义先进文化有利于克服落后的封建性别文化和腐朽的资本主义性别文化，传播马克思恩格斯两性关系思想，引导男女两性树立科学的性别观，共同营造平等和谐的性别环境，促进性别平等和社会公平正义。所以，社会主义先进性别文化要始终坚持社会主义先进文化的前进方向。

（五）批判汲取西方社会性别文化的有益成果

近现代西方社会的性别文化本质上是资本主义性别文化，其不可避免地存在阶级和历史的局限，但不可否认其中也有性别文化发展的文明成果。男女平等的性别文化最早起源于近代西方的社会进步运动。

近现代西方社会性别文化集中体现在众多女性主义流派的理论中。女性主义流派虽然有不同的理论基础和理论主张，但都追求男女平等的价值目标。自由主义女性主义强调妇女在各个领域享有与

---

① 高长武. 习近平文化建设思想的核心要义 [J]. 东岳论丛, 2017, 38 (4)：11-21.

男子平等的权利;激进女性主义强调妇女运动要像无产阶级革命消灭阶级差别一样消灭性别差别;马克思主义女性主义认为,妇女因无偿家务劳动所受的压迫是阶级压迫的一部分;社会主义女性主义提出社会性别制度范畴,走出以女性为中心的研究范式,探讨男性女性统一的社会性别制度;生态女性主义抨击男权文化,认为人对自然的统治都是以二元对立理论为基础的,坚决反对任何形式的统治与压迫,主张争取妇女解放与解决生态危机一致行动。还有后现代女性主义、文化女性主义、第三世界女性主义等都提出具有一定合理性的思想主张。构建中国特色社会主义先进性别文化不能不吸收西方女性主义在性别文化发展上的有益成果,尤其要借鉴西方社会性别文化对妇女在自我解放中主体性地位和作用的激发等。

五、建设社会主义以爱情为基础的和谐婚姻家庭

两性和谐共生可以说是马克思恩格斯两性关系思想的最后结论,也是两性关系发展的崇高理想和美好目标。如果说妇女解放、男女平等、两性合作共赢根本上是要解决两性之间的利益矛盾问题,那么两性和谐共生的根本是要在利益公平的基础上解决两性之间的情感矛盾问题。两性和谐共生尤其体现在爱情、婚姻和家庭上。妇女事业发展的过程绝不是要抛弃和弃绝爱情、婚姻和家庭,而是使爱情、婚姻和家庭回归其本质,带给人安全感、幸福感、获得感,满足人们的美好生活需要。两性相互之间利益公平、合作共赢、情感和谐、相亲相爱,才是社会主义性别文明的良好形态。

（一）坚持以马克思恩格斯爱情观、婚姻观、家庭观作为根本指导思想

俄国著名文学家托尔斯泰曾说："幸福的家庭都是相似的，不幸的家庭各有各的不幸。"当代社会，不幸的家庭比比皆是，爱情、婚姻、家庭不仅未能给很多人带来幸福美满的生活，反而造成很多人的烦恼与痛苦。究其主要原因，是因为过去我们片面强调马克思恩格斯妇女解放理论，忽视了马克思恩格斯的爱情观、婚姻观、家庭观。影响人们的爱情观、婚姻观、家庭观的主要观念有功利主义、利己主义、自由主义、个人主义，等等，没有树立科学正确的爱情观、婚姻观、家庭观，必然导致男女两性情感实践的失败和人生的不幸。要建设社会主义以爱情为基础的和谐婚姻家庭，就必须坚持以马克思恩格斯爱情观、婚姻观、家庭观作为根本指导思想，加强相应的宣传教育，促使人们树立起科学正确的爱情观、婚姻观、家庭观。

1. 以马克思恩格斯爱情观指导人们的爱情观

爱情是两性建立情感关系的重要形式。科技发展既给人类带来便利，也给人类造成异化，如形成低欲望时代。在这个时代，奉行独身主义的人认为爱情不再是生命必不可少的目标追求。当然，更多的人还是受到商品经济的影响，以利益作为衡量爱情的根本因素，以致在恋爱过程中计较利益得失，在婚恋观上根本不相信真爱，恋爱的根本目的是通过恋爱婚姻获取自己的利益好处。很多功利性质的婚恋观使很多青年人无法获得真爱和幸福，往往由恋爱走进了婚

姻的坟墓。实践表明,独身主义和功利主义的爱情观都不能真正给人们带来幸福。马克思恩格斯不仅追求人类解放和人的自由全面发展,而且对人类从古至今的爱情现象有着非常深刻的认识,他们的爱情观可以指引人类通过爱情走向幸福。

马克思认为爱情的本质是表现人的生命或人的本质力量的一种特殊的社会关系,所以,无论到哪个时代,爱情对人类实现自己的人的本质力量是必要的,真正的爱情才能使一个人成为真正意义上的人,成为一个充满了热情和生机活力的人。马克思还认为,当一个人作为恋爱者以自己的爱获得对象的回应,引起对方的爱,说明他的生命表现是被认同的、是有力的、是美好的存在。反之,当一个人不能追求到爱情和拥有爱情,也说明了他的生命表现是无力的、残缺的。一个性格健全的人会认识到爱情对于生命的重要意义,并积极主动地寻找爱情。因此,低欲望时代的所谓独身主义,或者是对追求不到真爱的逃避,或者是一种悲观厌世的人生观。人类对真爱的追寻犹如对真理的探索,并不是庸俗的、单纯的生理需要的满足,而是追寻以生理需要为基础的纯洁的、崇高的爱情。

马克思恩格斯认为真正的爱情是超越金钱和世俗观念的,是以两情相悦、志同道合为基础的情感联系。恩格斯曾经明确地指出,男子不应该以金钱获得妇女的身体,女子不应该因为考虑到经济后果嫁给谁或者不嫁给谁,只有真正的爱情才是建立婚姻的基础。真正的爱情是以两情相悦、志同道合为基础的。造成男女两情相悦、强烈要求彼此结合的是一种出于个人自由意志的特殊的爱欲,"性爱常常达到这样强烈和持久的程度,如果不能结合而彼此分离,对双方来说即使不是一个最大的不幸,也是一个大不幸;为了能彼此结

第六章 新时代马克思恩格斯两性关系思想的实践探索

合,双方甘冒很大的危险,直至拿生命孤注一掷。"① 因此,人们对性关系的评价,不仅要问是婚姻的还是私通的,而且还要问是不是由于相互的爱才发生的。按照马克思恩格斯的观点,人们在追寻爱情的过程中,首先是出于比较单纯的心意,去寻找情投意合的恋爱对象,先建立起爱情的情感基础。现实生活中,人们往往是先考虑各种经济利益的因素再寻找恋爱对象,是先建立爱情的物质基础,而不是先建立爱情的情感基础。这就往往使得爱情异化和复杂化,情感基础不坚实。所以,在以物的依赖性为基础的人的独立性的历史发展阶段,即便我们不能做到完全摒除物质利益的困扰,也应该先寻找情投意合、两情相悦的意中人,建立爱情的情感基础,再携手共同努力创造爱情的物质基础。

马克思恩格斯还认为,真正的爱情是一种很坚固的情感,应当能够经受住各种风险考验。马克思在《资本论》中引用了莎士比亚的一个观点"真实爱情的途径并不平坦"。他在给阿尔诺德·卢格的信中生动地描绘他和燕妮为了爱情进行了长达7年多的抗争,"多年来我和我的未婚妻经历过许多不必要的严重冲突,这些冲突比许多年龄大2倍而且经常谈论自己的'生活经验'的人所经历的还要多。"② 真正的爱情是经受得住考验的。马克思和燕妮的爱情就经受了长期考验,最终有情人终成眷属。爱情以甜开始,结局是甜是苦不得而知,但中间过程是一定要经过苦的。没有经过苦,爱情就很难发育得成熟坚韧。没有相思之苦、等待之苦、追求之苦、抗争之

---

① 马克思恩格斯文集:第4卷[M].北京:人民出版社,2009:90-91.
② 熊复. 马克思 恩格斯 列宁 斯大林 论恋爱、婚姻和家庭[M].北京:红旗出版社,1982:7.

苦，那爱情的含金量是必然要大打折扣的。我们不能想象爱情是一帆风顺、毫无曲折的，任何事物都是在曲折中发展前进的。

马克思恩格斯还强调爱情不仅是一种相互爱慕的个人情感，还承担着重要的社会责任。恩格斯在严肃批判考茨基喜新厌旧的婚姻态度时指出，"在目前情况下，这种本性或者应当加以抑制，或者就使他和别人都陷在无止境的悲剧冲突之中。"① 喜新厌旧、用情不专，只会给对方造成痛苦和不幸，并严重危害到社会安定。马克思恩格斯都认为，离婚的自由权利和离婚的慎重态度是辩证统一的。列宁在与蔡特金的谈话中也讲道："恋爱牵涉到两个人的生活，并且会产生第三个生命，一个新的生命。这才使恋爱具有社会关系，并产生对社会的责任。"② 列宁认为，男女双方恋爱，并且产生爱情的结晶——新生命，所以恋爱必然会产生对社会的责任，对对方的责任，对家庭成员，尤其是下一代的责任。能够承担责任，能够为了对方的幸福和家庭成员的幸福做出自我牺牲，这样的爱情才是真正的爱情。在当代青年当中，盛行一种很新潮的看法：恋爱归恋爱，结婚归结婚。这种看法隐藏的实质是利己主义、自由主义的不负责任的思想观念。只向往恋爱的浪漫、快乐、自由，而不愿意承担恋爱的社会责任，这种恋爱观也是不可取的。

马克思恩格斯反对资产阶级的以金钱作为基础的爱情观。后来列宁明确反对资产阶级鼓吹的"恋爱自由""杯水主义""性解放"等思想观点。列宁认为不同的阶级对"恋爱自由"问题会做出不同

---

① 熊复. 马克思 恩格斯 列宁 斯大林 论恋爱、婚姻和家庭 [M]. 北京：红旗出版社，1982：16.
② 同①，第14页。

第六章 新时代马克思恩格斯两性关系思想的实践探索

的解释，这个要求可以理解成什么呢？1. 在爱情上摆脱物质（钱财）的要求？2. 摆脱物质上的操心？3. 摆脱宗教偏见？4. 摆脱父母之命？5. 摆脱"社会"的偏见？6. 摆脱（农民或小市民或者资产阶级知识分子的）小天地？7. 摆脱法律、法院和警察的束缚？8. 摆脱爱情上的严肃处理？9. 摆脱生育子女的义务？10. 通奸的自由？，等等。在列宁看来，如果把"恋爱自由"理解为摆脱爱情上的严肃态度，摆脱生育子女的义务，奸淫的自由等，那"恋爱自由"的这种理解是资产阶级的要求；无产阶级的恋爱自由才是真正地尊重爱情本质的恋爱自由，是摆脱钱财要求、宗教偏见、父母无理干涉、社会偏见的恋爱自由，也就是通往真正爱情的自由恋爱。列宁还无情地批判资本主义鼓吹的"性解放""杯水主义"的性道德理论，揭露其享乐主义的思想实质，阐明无产阶级对两性关系和爱情生活的正确立场。列宁认为，正常的性生活能带给人生活的快乐、生活的力量，但纵欲主义、杯水主义的性解放，不仅会造成青年身体的亏损，而且会把人降低到低等动物的状态。这些思想观点对今天的人们依然是真理之言。

坚持以马克思恩格斯爱情观为指导，可以有力地反驳当前青年群体中存在的各种非理性的爱情观。但根本的问题是应该以马克思主义爱情观来武装青年群体，使他们形成科学的爱情观。一方面，要充分发挥中华传统文化的性别和谐文化来熏陶和滋养青年，使青年认识到性别和谐、两情相悦才能够真正符合自然规律和社会发展规律；另一方面，要在青年群体中大力宣传马克思主义爱情观，使青年真正理解爱情的本质和掌握爱情运动的客观规律。大力宣传马克思主义爱情观的主要途径有：其一，通过妇女刊物、网站等宣传渠道介绍马克思主义爱情观的理论观点，使人民群众，尤其是青年人了解马克思主义爱情观；其二，寻找以马克思主义爱情观为指导、两情相悦、志同道合、忠贞不渝的爱情伴侣，讲述他们的感人故事，树立真爱的榜样；其三，将马克思主义爱情观融入高校思想政治课教育体系，通过课程向学生宣传马克思主义爱情观；其四，旗帜鲜明地批判社会中流行的错误的爱情观，采取有效的措施防止婚恋陋习；其五，娱乐圈的多数所谓明星将爱情视为游戏，他们的爱情观深深影响着喜爱他们的青少年，因此，应大力整治网络上铺天盖地的明星的八卦新闻，多宣传爱情正能量。

总之，要构建两性和谐共生的社会主义性别文明，必然要在两性之间加强情感交流，促使两性之间通过相互了解、相互尊重、相互爱慕能够产生美好的爱情，让爱情对一个人的成长发挥积极作用，使人成为真正的人。马克思主义爱情观揭示了爱情的本质和运动规律，应当成为社会主义社会居于指导地位的爱情观。只有坚持以马克思主义爱情观来指导人们追求爱情的实践活动，才能建立起真正的、纯洁的、美好的爱情。

2. 以马克思恩格斯婚姻、家庭观指导人们的婚姻、家庭

两性和谐共生不仅表现在两情相悦的爱情关系中，而且还表现在同舟共济的婚姻、家庭关系中。婚姻是组建家庭的基础，家庭是婚姻存续的基本社会形式。男女结为夫妻，共同维系婚姻和建设家庭，这也是社会和谐安定的基础。从理论上讲，在社会主义制度下的婚姻家庭，应该是更加幸福美满的。但实际上，我们社会中很多婚姻家庭是不幸的，离婚率很高。造成婚姻家庭不幸的因素非常复

第六章 新时代马克思恩格斯两性关系思想的实践探索

杂,可能最根本的原因仍然是市场经济条件下夫妻之间的利益矛盾。由于缺乏真爱的情感基础,在利益基础上建立的婚姻家庭往往会因为利益纠葛而解体。为了促进社会主义婚姻家庭的发展,应当在坚持马克思恩格斯爱情观的基础上,进一步坚持马克思恩格斯婚姻家庭观。

马克思恩格斯揭示了婚姻的历史演变和婚姻缔结的经济制约。恩格斯总结并指出,群婚制是与蒙昧时代相适应的,对偶婚制是与野蛮时代相适应的,以通奸和卖淫为补充的一夫一妻制是与文明时代相适应的。所以,婚姻是受社会生产方式决定和推动的,生产力的发展推动着婚姻由低级形式发展到高级形式。恩格斯认为,社会主义以前的阶级社会,婚姻的缔结实际都是以经济利益为基础的。"当事人双方的相互爱慕应当高于其他一切而成为婚姻基础的事情,在统治阶级的实践中是自古以来都没有的。"[1] 缔结婚姻的自由和真正以爱情为基础的婚姻体现着人类文明的进步。"如果说只有以爱情为基础的婚姻才是合乎道德的,那么也只有继续保持爱情的婚姻才合乎道德。"[2] 恩格斯认为只有以爱情为基础的婚姻才是合乎道德的婚姻,也才是符合婚姻本质的婚姻。这一基本观点是缔结婚姻的根本指导思想,不以爱情为基础的婚姻往往都是不幸的婚姻,最终也难免走向婚姻的解体。所以,在社会主义条件下,人们缔结婚姻的时候,一定要冷静地自我审问,是出于爱情还是出于利益或其他考虑才缔结婚姻,只有确认是出于爱情才缔结婚姻,这样的婚姻往往

---

[1] 熊复. 马克思 恩格斯 列宁 斯大林 论恋爱、婚姻和家庭 [M]. 北京:红旗出版社,1982:29.
[2] 同[1],第34页.

才会比较坚固、稳定。

在马克思恩格斯看来,婚姻、家庭具有以下重要的职能。其一,生育功能。人类需要种族繁衍,婚姻、家庭是承担生育功能的生育制度;其二,经济功能。从家庭诞生之时起,家庭就是"以生产为目的的社会结合的最简单的和最初的形式"[①]。随着资本主义社会化生产的发展,家庭从事生产的经济功能日益纳入社会生产过程。家庭经济功能中的消费领域逐步凸显,家庭成为社会中消费的基本单位。家庭的消费功能是由生产决定的,同时,也被纳入商品生产的社会机制;其三,情感功能。家庭中通常形成了两个主要的亲缘关系。一是夫妻关系,二是父母和子女之间的关系。亲缘关系区别于其他社会关系,具有特殊的亲密性,彼此的心理距离很近,使家庭成为一个比较坚固的整体。家庭对人起着最重要的社会支持系统的作用;其四,教育功能和赡养功能。家庭不仅有生育的职能,还包含着教育、赡养等功能。马克思深情地表达对父亲的赞赏,认为父母对孩子的情感是神圣的,父母是最仁慈的法官,是最贴心的朋友,是爱的太阳。恩格斯对英国工人阶级无暇照顾和教育孩子感到痛心,"忽视一切家庭义务,特别是忽视对孩子的义务,在英国工人中是太平常了,而这主要是现代社会制度促成的。"[②] 家庭的功能会随着社会生产方式的变化而变化,由社会的物质生产水平决定。无论过去、现在还是将来,绝大多数人都生活在家庭之中。家庭的社会功能不可替代,家庭的文明作用不可替代,家庭给人的生活依托

---

① 马克思恩格斯选集:第3卷[M].北京:人民出版社,1972:136.
② 熊复.马克思 恩格斯 列宁 斯大林 论恋爱、婚姻和家庭[M].北京:红旗出版社,1982:100.

第六章 新时代马克思恩格斯两性关系思想的实践探索

不可替代。

马克思恩格斯既认同要尊重离婚自由,又认为要避免随意任性的离婚。在《论离婚法草案》中,马克思反对封建主义的婚姻观,认为离婚法的制定应当尊重科学和人民的意志。"离婚仅仅是对下面这一事实的确定:某一婚姻已经死亡,它的存在仅仅是一种外表和骗局。不用说,既不是立法者的任性,也不是私人的任性,而每一次都只是事物的本质来决定婚姻是否已经死亡;因为大家知道,死亡这一事实的确定取决于事物的本质,而不取决于当事人的愿望。"① 在马克思看来,夫妻感情是婚姻关系的纽带,法律形式是婚姻的外壳,它为维持和发展伦理关系提供必要的条件。因此,婚姻法律关系和夫妻感情是形式与内容的关系,内容决定形式,如果夫妻感情完全破裂,夫妻伦理关系中断,在这种特殊情况下,离婚是正常的。恩格斯也认为,如果婚姻中的爱情消失了,离婚也是合乎情理的。另外,马克思认为婚姻不仅关系到夫妻双方,而且关系到家庭、子女、财产等,仅考虑夫妻两个人个人的意志还是不够的。"婚姻不能听从已婚者的任性,相反地,已婚者的任性应该服从婚姻本质。"② 马克思从维护伦理实体的角度出发,反对"把任性提升为法律"的立法原则。"法院判决的离婚只能是婚姻内部崩溃的记录。"③ 在马克思看来,婚姻这种伦理关系应该足以承受种种冲突而不轻易丧失其本质,婚姻意味着要勇于承担家庭责任和社会责任,

---

① 中华人民共和国全国妇女联合会. 马克思 恩格斯 列宁 斯大林 论妇女[M]. 北京:中国妇女出版社,1978:3.
② 同①,第2页.
③ 同①,第4页.

不能任性和草率地对待离婚问题。法院判决的离婚也只能是婚姻内部崩溃的记录,而不是满足已婚者任性离婚的诉求。

马克思恩格斯认为未来共产主义社会婚姻家庭关系是和谐幸福的。首先,婚姻关系是建立在单纯的性爱和爱情的基础上。婚姻是夫妻的两情相悦,不用考虑爱情之外的其他影响因素。而且实现了真正意义上的一夫一妻制,夫妻双方对爱情忠诚,在婚姻家庭关系上平等。如果爱情发生变化,不再相爱,双方都享有离婚的自由。其次,家务劳动社会化,妇女得到真正解放。长期使妇女处于不平等地位的家务劳动,在未来社会彻底实现社会化。孩子由社会抚养、教育,老人由社会赡养,妇女不再因为沉重的家务劳动而丧失自由发展的机会。最后,共产主义社会人人都实现全面而自由的发展。人人平等而且自由全面发展的社会,家庭内部的关系必然更加和谐融洽,幸福感极大增强。社会主义社会是从资本主义婚姻家庭形式向共产主义婚姻家庭形式过渡的形式。在社会主义社会,妇女普遍参加社会生产,为家庭和两性关系的更高级的形式创造了新的经济基础。列宁指出,"在我们苏维埃俄国,法律上的男女不平等连影子都没有了。在婚姻家庭法上的特别下流、可耻、卑鄙的不平等,在对子女关系上的不平等,已经被苏维埃政权消灭干净了。"① 社会主义的婚姻、家庭将普遍取得历史性进步。

根据马克思恩格斯的婚姻、家庭观,在社会主义社会,公有制的确立为平等和谐的家庭和两性关系奠定了经济基础,婚姻、家庭

---

① 熊复. 马克思 恩格斯 列宁 斯大林 论恋爱、婚姻和家庭[M]. 北京:红旗出版社,1982:91.

第六章 新时代马克思恩格斯两性关系思想的实践探索

应当是建立在真正的爱情基础之上，维系婚姻夫妻关系的也应是双方之间的爱情，如果真正的爱情消失了，享有离婚的自由权利也是合情合理的。有人也许会质疑恩格斯提出的"如果感情确实已经消失或者已经被新的热烈的爱情所排挤，那就会使离婚无论对于双方或对于社会都成为幸事"这一观点，担心这会不会成为某些男人不负责任的冠冕堂皇的理由。如果婚姻、家庭真的建立在爱情的基础之上，那么这些质疑都是不必要的。恩格斯当然反对不负责任的见异思迁，如果婚姻是建立在现代性爱和爱情基础上，那么就不是靠外在约束来维系婚姻关系的，而是靠内在的情感纽带来维系婚姻关系。当然，马克思恩格斯实际上更强调婚姻双方应当承担起相应的家庭和社会责任，应当经受住各种冲击和挑战，而不是任性草率的，抱着所谓幸福主义的以个人为中心的离婚。

一个家庭的幸福和睦是一个国家安定有序的基础。"家庭是生活的环境，既然支配环境的是人，那么人就应当能依靠自己的智慧将家庭建设成自己所希望的样子。"[①] 在以马克思主义爱情观指导下的青年男女通过恋爱建立爱情的基础，并以马克思主义婚姻、家庭观来指导婚姻、家庭的发展，也许能够将家庭建设成自己所希望的样子。马克思恩格斯曾多次批判私有制社会制度下，爱情、婚姻和家庭都因为建立在私利基础之上，人们的情感关系成为赤裸裸的金钱利益关系；在社会主义公有制基础上，人们才可能拥有真正纯洁的爱情和幸福美满的婚姻、家庭。我国青年男女恋爱、婚姻、家庭、生育等状况不尽如人意，并没有体现出社会主义制度对人类爱情、

---

① 池田大作. 女性箴言 [M]. 仁章, 译. 长春：吉林人民出版社, 1986：42.

婚姻、家庭发展的制度优势,与两性和谐共生的文明形态发展要求是背道而驰的。应当重视和指引青年男女的恋爱、婚姻、家庭、生育,这是中国特色社会主义伟大事业后继有人、接力奋斗的重要保障,是中华文明持续发展、繁衍生息的千年大计,也是人们实现日益增长的美好生活需要的必然要求。

我们的社会很重视对人民的世界观、人生观和价值观的教育,但从小到大的教育体系中几乎没有出现爱情观、婚姻观、家庭观的教育。到底什么是爱情?什么是婚姻?什么是家庭?很多人只有感性认识,没有形成科学的理性认识。现实社会中太多爱情走向毁灭、婚姻走向解体、家庭走向破裂,这些现象产生的破窗效应严重影响青年人的爱情观、婚姻观、家庭观,使他们往往认为爱情是虚无的,婚姻、家庭是不幸福的。也有一些青年人从主观主义出发,片面地认为爱情、婚姻、家庭是美好的,殊不知爱情、婚姻、家庭往往充满各种各样的矛盾,因此,当他们真正进入爱情、婚姻、家庭的时候,面对重重矛盾冲突,又不善于化解矛盾冲突,结果往往以离婚收场。家庭是社会的细胞,我们应当重视马克思恩格斯爱情观、婚姻观、家庭观教育,使一代又一代社会主义接班人以科学理性的爱情观、婚姻观、家庭观来指导自己的人生。

过去,我们非常重视研究和宣传马克思主义妇女观,但忽视了马克思恩格斯爱情观、婚姻观、家庭观。这样实际上非常不利于人民群众以联系的、辩证的观点来看待妇女解放发展和爱情、婚姻、家庭的关系。我们应当将马克思主义妇女观和马克思主义爱情观、婚姻观、家庭观融合起来加强宣传教育。首先,要坚持马克思主义妇女观的综合性研究,将之与马克思主义爱情观、婚姻观和家庭观结合起来进行全面系统的研究。学界单方面的研究成果比较丰富，但把几个方面综合起来进行研究的成果还比较薄弱。所以，加强对马克思主义妇女观、爱情观、婚姻观、家庭观的综合性研究，揭示妇女解放和爱情、婚姻、家庭的内在联系和发展规律是一项很有意义的工作。其次，要将马克思主义妇女观、爱情观、婚姻观、家庭观整体纳入新时代大学生思想政治教育的内容体系。加强大学生思想政治教育，应当给予当代青年学生科学理性的妇女观、爱情观、婚姻观和家庭观的教育。马克思主义关于爱情、婚姻和家庭的认识是深刻的，触及问题本质的。要使青年人树立马克思主义的妇女观、爱情观、婚姻观、家庭观，以科学的爱情观、婚姻观和家庭观来指导解决爱情、婚姻、家庭等现实问题，实现美好生活的需要。

（二）构建家庭内部合作和社会大力支持的生育友好型环境

两性和谐共生还体现在两性结合并生育后代。生育已经成为社会关注的焦点问题之一。全国第七次人口普查数据显示，我国育龄妇女总和生育率为1.3，也就是说，每个育龄妇女只愿意生1.3个小孩。这个数据表明，我国妇女的生育欲望很低。尽管国家近些年不断放宽生育政策，但生育率走低趋势仍然明显。生育率走低，一方面是人口危机和老龄化问题；另一方面折射出人们的婚育观发生了巨大的变化，在婚育主体的"90后"的观念中，结不结婚已经是一个问题了，而结了婚要不要生育又是个问题，再往下，生几个孩子也同样成为问题。

费孝通先生在《生育制度》中曾经讲过，生育是损己利人的事，为此人类建立起来生育制度。生育问题关系到种族的延续。所以，一个族群必须有繁衍的能力与动力。一个族群是庞大的，少数个体不参与族群的繁衍，这个是能容忍的。但这不能成为主流思想，否则族群就会走向灭亡。从个体来说，现代社会生孩子成本巨大，越来越多的人选择不生或者少生孩子，这是必然的。从个体的利益来说，生孩子确实是得不偿失，这是一个社会问题。但是，生孩子本身是意义巨大的。人生的意义不仅在于利益。如果都从个人利益的角度做出选择，没人关心族群的利益，那么这个族群就会灭亡。生育本身有一个价值取向的问题，也是世界观、人生观、价值观的问题。也就是说，现在生育问题的核心在于世界观、人生观、价值观出了问题，不利于族群繁衍的世界观、人生观、价值观，显然是有问题的。总之，就个人而言，生育的自由包含不生育的自由，但对国家而言，公民生育的自由也包含生育的责任。

面对生育率不断走低的趋势，首先需要构建爱情、婚姻、家庭生育一体化发展的性别文明观念和宣传正确的婚育观。爱情、婚姻、家庭和生育是密切关联的四个环节，从理想的状态来讲，爱情是两性建立情感联系的起点，婚姻往往是青春的终点，也是迈入幸福人生的新起点，而家庭不仅是人们休憩的场所，还是人们心灵得以慰藉的温暖港湾，夫妻生出孩子来并共同把孩子抚育成人，是婚姻家庭承担的生育职能。从逻辑顺序来讲，要有理想的生育率，首先应该形成美好的爱情、坚实的婚姻和幸福的家庭。因此，前面我们主张要以马克思主义爱情观、婚姻观、家庭观来指导人们恋爱、婚姻和家庭的发展。通常，爱情、婚姻、家庭美满的人生育的欲望会更强一些。正确的婚育观是个人婚育自由和国家民族整体利益辩证统

第六章 新时代马克思恩格斯两性关系思想的实践探索

一的婚育观，那些只考虑到个人自由而忽视国家民族整体利益的婚育观是对个体利益和整体利益都有害的。

其次，需要构建家庭内部合作的生育友好型环境。目前造成妇女生育意愿低的主要因素有如下两个方面。其一，家庭内部传统性别分工的延续，导致女性面临较严重的工作和家庭冲突，这里不是说男性都不做家务和照料活动，而是女性从事这些活动的时间往往大大高于男性。这种冲突很大程度上影响了女性在私人领域的婚姻动机和生育决定。国际低生育率理论也表明，正是性别平等在公私领域的不均衡发展所导致的女性工作和家庭冲突，在很大程度上构成了生育率持续走低的主要原因。其二，母亲对于孩子在时间、情感、金钱等方面高强度的投入和激烈竞争的教育系统也对婚姻和生育起到了一定的抑制和推迟作用。已有研究发现，丈夫在照看幼儿方面所承担的比重更高会提高夫妻生育下一个孩子的可能性。若丈夫能够在家务劳动，特别是照料孩子上提供一定的支持，一方面能减少女性，特别是职业女性的家务劳动时间，有利于其家庭责任和职场追求之间的平衡，降低其对生儿育女的抵触心理；另一方面则能增强丈夫对于家庭和孩子的责任感，增强妻子的婚姻幸福感。家庭内部能对生育达成积极的共识，丈夫愿意为生育做好奉献的准备，妻子可能会提高生育意愿。

最后，要构建社会大力支持的生育友好型环境。社会的持续协调发展，需要有比较均衡的人口构成，生育不仅是家庭的事情，也是国家和社会的重大问题。社会应全方位大力支持生育。其一，要优化生育政策、增强生育政策包容性，坚决维护男女生育的正当权益；其二，要以马克思主义为指导，切实推进家务劳动社会化和孩子养育社会化,要重视食堂、幼儿园、学校等公共设施的发展,为生育、养育孩子提供优质的社会生活服务和文化教育服务;其三,要坚持房主不炒,稳控房价,为青年成家立业、结婚生子消除障碍;其四,要采取有效政策措施降低"生育、养育、教育"三育成本,让父母和孩子都能轻松愉快地生存和发展。

综上所述,在社会主义制度的基础上,马克思恩格斯两性关系思想对指导解决两性关系问题具有重要的现实意义。社会主义要构建男女平等基础上的两性和谐共生的性别制度和性别文化,促进两性在情感方面增进交流互信,在利益方面增进合作共赢。在这种新型的性别制度和性别文化中,社会发展尊重两性客观差异,使两性能够基于各自的性别优势平等自由发展,并达到优势互补;妇女解放并不是要求以男性的生存样态为标准,而是妇女可以根据自身的潜能、优势、兴趣、喜好等为社会的两种生产做出贡献和实现自由全面发展;在促进妇女解放发展的同时也要关注男性问题,促进男性全面发展,避免出现对男性的性别歧视和偏见。男女平等基础上的两性和谐共生的发展理念和目标,能帮助人们正确对待两性关系问题,积极去化解两性的对立冲突和疏离隔阂,努力发展正常的两性情感关系、建设平等幸福的婚姻家庭和安定和谐的社会主义社会。

结　语

两性关系是人类社会最基本的男女之间的各种社会关系。在马克思恩格斯看来，两性关系并不是一种抽象孤立的社会关系，而是由生产关系和阶级关系决定并表现在爱情关系、性关系、婚姻家庭关系等丰富的关系形态中。马克思提出要探索"家庭和两性关系的更高级的形式"，恩格斯也提出要探索"资本主义生产行将消灭以后的两性关系的秩序"，但后人对马克思恩格斯提出的两性关系问题的重大理论命题并未予以应有的重视，而是集中精力探讨和运用马克思恩格斯妇女解放理论。

总结已有的理论研究成果和长期妇女运动实践的经验教训，我们认为马克思恩格斯两性关系思想对规范调节两性关系具有根本的指导意义。妇女解放不仅是妇女自身的解放和自由发展，而且是两性关系变革的重要环节。所以，从理论逻辑和实践逻辑来看，可以将马克思恩格斯妇女解放理论纳入马克思恩格斯两性关系思想体系。马克思恩格斯两性关系思想基于辩证唯物主义和历史唯物主义，科学地揭示两性之间既对立又统一的客观规律，涵盖了马克思恩格斯妇女解放理论、马克思恩格斯爱情观、马克思恩格斯婚姻观、马克思恩格斯家庭观、马克思恩格斯两性观等思想内容，内涵极其丰富，阐明了两性关系问题的重要性、两性的辩证统一性、两性的对立冲突及其和解路径等基本问题。

马克思恩格斯两性关系思想的重要结论是，规范两性关系的基本原则是妇女解放、男女平等和两性和谐共生，共产主义社会将实现两性关系的彻底和解。由于历史上妇女遭受阶级压迫和性别压迫的双重压迫，妇女解放是变革两性关系的第一步。妇女解放的直接目标是男女平等，最终目标是实现人的自由全面发展，男女平等是解决性别不平等问题，实现两性权利地位平等，男女平等是妇女进一步解放和两性和谐共生的重要基础。以性别不平等为基础的两性和谐只能是压抑和损害性别关系中的一方为代价的两性和谐，只有以男女平等为基础的两性和谐共生才是真正的和谐共生，才有利于性别双方合作共赢、共同发展。两性和谐共生是两性关系发展更高层次的价值目标和文明追求。妇女解放、男女平等、两性和谐共生三者是辩证统一、不可分割的。当代社会在调节和规范两性关系的时候，应当注重反思我们的实践是否遵循了这一基本要求。

过去，我们主要是推进妇女解放和男女平等。现在，我们恐怕需要将两性和谐共生也作为基本的奋斗目标，否则，容易出现的问题是性别发展的再度失衡和两性之间新的矛盾对立抑或疏离隔阂。狭义的两性关系是指性爱、爱情为基础的男女关系，广义的两性关系指男女的各种社会关系。无论是狭义的两性关系，还是广义的两性关系，两性和谐共生是指两性之间本质上应当是求同存异、相互依存、相互尊重、相互促进、合作共赢、共同发展的和谐共生的状态，而不是相互对立、相互斗争、相互伤害、相互疏离的两败俱伤的不合理状态。在马克思恩格斯看来,男女两性不仅要实现平等、尊重的公平生活样态,还要实现和谐共生的幸福生活样态。所以,男女平等和两性和谐共生辩证统一,共同构成规范两性之间的社会关系的基本原则。

如果说人与自然的和解是实现人与自然和谐共生,那么男人与女人的和解就是实现两性和谐共生。男人和女人是你中有我、我中有你的命运共同体,当前这种相互影响的命运与共的联系越来越紧密,两性都应当学会爱和忍耐,学会相互尊重、相互支持、共建共享、和谐共生。马克思说:"任何解放都是使人的世界即各种关系回归于人自身。"两性关系消除异化,回归人的本质规定,也是实现妇女解放和人类解放的必然要求。坚持以马克思恩格斯两性关系作为指导思想,以妇女解放、男女平等、两性和谐共生作为调节规范两性关系的统一的基本原则,坚持在社会发展进步的过程中,优化理顺两性关系,避免男女在性别关系中失控,如此,我们才能相信,未来的社会将是两性和谐友爱、相互包容、合作共赢的社会,未来的社会是属于男女两性的社会,未来的社会是消除阶级压迫和性别压迫、人人自由全面发展的美好社会。

参考文献

一、马克思主义经典著作与党和国家重要文献

[1] 马克思恩格斯全集：第1卷[M]. 北京：人民出版社，1957.

[2] 马克思恩格斯全集：第2卷[M]. 北京：人民出版社，1957.

[3] 马克思恩格斯全集：第3卷[M]. 北京：人民出版社，1957.

[4] 马克思恩格斯全集：第16卷[M]. 北京：人民出版社，1957.

[5] 马克思恩格斯全集：第29卷[M]. 北京：人民出版社，1957.

[6] 马克思恩格斯全集：第34卷[M]. 北京：人民出版社，1957.

[7] 马克思恩格斯全集：第35卷[M]. 北京：人民出版社，1957.

[8] 马克思恩格斯全集：第42卷[M]. 北京：人民出版社，1979.

[9] 马克思恩格斯文集：第1卷[M]. 北京：人民出版社，2009.

[10] 马克思恩格斯文集：第2卷[M]. 北京：人民出版社，2009.

[11] 马克思恩格斯文集：第3卷[M]. 北京：人民出版社，2009.

[12] 马克思恩格斯文集：第4卷[M]. 北京：人民出版社，2009.

[13] 马克思恩格斯文集：第5卷[M]. 北京：人民出版社，2009.

[14] 马克思恩格斯文集：第9卷[M]. 北京：人民出版社，2009.

[15] 马克思恩格斯文集：第10卷[M]. 北京：人民出版社，2009.

[16] 马克思. 摩尔根《古代社会》一书摘要[M]. 北京：人民出版社，1965.

[17] 列宁全集：第7卷[M]．北京：人民出版社，2013．

[18] 邓小平文选：第1卷[M]．北京：人民出版社，1994．

[19] 江泽民文选：第1卷[M]．北京：人民出版社，2006．

[20] 胡锦涛．在纪念"三八"国际劳动妇女节100周年大会上的讲话[J]．中国妇运，2010（4）：4-8．

[21] 中华人民共和国全国妇女联合会．马克思　恩格斯　列宁　斯大林　论妇女[M]．北京：人民出版社，1978．

[22] 中华全国妇女联合会．毛泽东　周恩来　刘少奇　朱德　论妇女解放[M]．北京：人民出版社，1988．

二、中文著作

[1] 本社选编．外国女权运动文选[M]．北京：中国妇女出版社，1987．

[2] 冯友兰．中国哲学简史[M]．赵复三，译．天津：天津社会科学院出版社，2005．

[3] 费孝通．生育制度[M]．天津：天津人民出版社，1981．

[4] 张广利，杨明光．后现代女权理论与女性发展[M]．天津：天津人民出版社，2005．

[5] 全国妇联妇女研究所国际室．国际妇女运动和妇女组织[M]．北京：中国妇女出版社，2002．

[6] 康有为．大同书[M]．长春：吉林出版集团股份有限公司，2017．

[7] 任平．当代视野中的马克思[M]．南京：江苏人民出版社，2003．

[8] 岳素兰，魏国英．中国特色社会主义妇女理论研究[M]．北京：北京大学出版社，2014．

[9] 陈培永．女性的星空：恩格斯《家庭、私有制和国家的起源》如是读[M]．广州：广东人民出版社，2016．

[10] 陈全林．周易参同契注译·悟真篇注译[M]．北京：中国社会科学出版

社，2004.

[11] 吴枫，宋一夫. 中华道学通典［M］. 海口：南海出版社，1994.

[12] 王明. 太平经合校［M］. 北京：中华书局，1985.

[13] 邓伟志. 邓伟志全集：第3卷. 家庭卷·妇女学卷［M］. 上海：上海大学出版社，2013.

[14] 冷溶，汪作玲. 邓小平年谱：一九七五——一九九七：下［M］. 北京：中央文献出版社，2004.

[15] 何华征. 现代化语境下的两性和谐问题：马克思主义妇女观和西方女性主义比较研究［M］. 北京：九州出版社，2015.

[16] 李银河. 女性主义［M］. 上海：上海文化出版社，2018.

[17] 李银河. 两性关系［M］. 上海：华东师范大学出版社，2005.

[18] 李银河. 女性主义［M］. 上海：上海文化出版社，2018.

[19] 李银河. 妇女：最漫长的革命［M］. 北京：中国妇女出版社，2007.

[20] 彭珮云. 中国特色社会主义妇女理论与实践［M］. 北京：人民出版社，2013.

[21] 李楠. 马克思恩格斯妇女解放理论研究［M］. 北京：经济日报出版社，2018.

[22] 蔡礼旭. 如何建立和谐尊重的两性关系［M］. 北京：世界知识出版社，2013.

[23] 蔡礼旭. 如何经营幸福人生［M］. 北京：华艺出版社，2007.

[24] 李小江. 夏娃的探索［M］. 郑州：河南人民出版社，1988.

[25] 李小江. 解读女人［M］. 南京：江苏人民出版社，1999.

[26] 李小江. 女性/性别的学术问题［M］. 济南：山东人民出版社，2005.

[27] 李小江. 女性乌托邦［M］. 北京：社会科学文献出版社，2016.

[28] 胡晓红. 走向自由和谐的两性关系［M］. 长春：吉林人民出版社，2005.

[29] 方刚，胡晓红. 男性解放［M］. 济南：山东人民出版社，2006.

[30] 郝润华. 妇女与道德传统 [M]. 南京：江苏古籍出版社，2002.

[31] 熊复. 马克思　恩格斯　列宁　斯大林　论恋爱、婚姻和家庭 [M]. 北京：红旗出版社，1982.

[32] 陈村富，庞学铨. 古希腊名著精要 [M]. 杭州：浙江人民出版社，1989：118.

三、中文译著

[1] 柏拉图. 理想国 [M]. 郭斌和，等译. 商务印书馆，1986.

[2] 卢梭. 爱弥儿 [M]. 李平沤，译. 商务印书馆，1978.

[3] 玛丽·沃斯通克拉夫特. 女权辩护 [M]. 王蓁，译. 北京：商务印书馆，2011.

[4] 约翰·斯图尔特·穆勒. 妇女的屈从地位 [M]. 汪溪，译. 北京：商务印书馆，2011.

[5] 西蒙娜·德·波伏娃. 第二性：Ⅲ [M]. 郑克鲁，译. 上海：上海译文出版社，2011.

[6] 贝蒂·弗里丹. 女性的奥秘 [M]. 巫漪云，丁兆敏，林无畏，译. 南京：江苏人民出版社，1988.

[7] 杰梅茵·格里尔. 女太监 [M]. 欧阳昱，译. 天津：百花文艺出版社，2002.

[8] 凯特·米利特. 性的政治 [M]. 钟良明，译. 北京：社会科学文献出版社，1999.

[9] 莉丝·沃格尔. 马克思主义与女性受压迫：趋向统一的理论 [M]. 虞晖，译. 北京：高等教育出版社，2009.

[10] 奥古斯特·倍倍尔. 妇女与社会主义 [M]. 葛斯，朱霞，译. 北京：中央编译出版社，1995.

[11] 雅克·德里达. 马克思的幽灵：债务国家、衰悼活动和新国际 [M]. 何

一，译. 北京：中国人民大学出版社，2000.

[12] 凯瑟琳·麦金农. 迈向女性主义的国家理论 [M]. 曲广娣，译. 北京：中国政法大学出版社，2007.

[13] 朱迪斯·巴特勒. 性别麻烦：女性主义与身份的颠覆 [M]. 宋素凤，译. 上海：上海三联出版社，2009.

[14] 朱迪斯·巴特勒. 身体之重 [M]. 李钧鹏，译. 上海：上海三联出版社，2011.

[15] 朱迪斯·巴特勒. 消解性别 [M]. 郭劼，译. 上海：上海三联出版社，2009.

[16] 弗吉尼亚·伍尔夫. 一间只属于自己的房间 [M]. 周颖琪，译. 天津：天津人民出版社，2019.

[17] 克里夫·贝克. 学会过美好生活 [M]. 詹万生，等译. 北京：中央编译出版社，1997.

[18] 池田大作. 女性箴言 [M]. 仁章，译. 长春：吉林人民出版社，1986.

四、期刊论文

[1] 金卓. 改革开放以来我国妇女解放的历程与思想发展 [J]. 马克思主义研究，2019（11）：103－110，135.

[2] 薛繁. 谈马克思主义恋爱观 [J]. 高校德育研究，1985（1）：63－70.

[3] 穆玉敏. 1949：北京全面禁娼 [J]. 人民公安，2003（3）：46－50.

[4] 凌乐祥. 恩格斯的两性关系演进理论及其当代启示 [J]. 阜阳师范大学学报（社会科学版），2021（3）：97－102.

[5] 范伟伟. 理性·关怀·能力：女性解放的路径探索及其反思 [J]. 哲学研究，2017（9）：119－125.

[6] 陈慧平. 论马克思主义哲学对于当代妇女运动的意义 [J]. 马克思主义研究，2019（5）：96－103.

[7] 李进超. 马克思主义妇女解放理论及其现实意义：基于《家庭、私有制和国家的起源》的女性主义研究［J］. 广西社会科学，2019（9）.

[8] 田中景. 日本和法国的少子化对策及启示［J］. 人口学刊，2020，42（2）：90-105.

[9] 刘亚玫，张永英，杨玉静，等. 论习近平总书记关于新时代妇女发展和妇女工作重要论述的科学内涵［J］. 妇女研究论丛，2018（5）：9-20.

[10] 刘亚玫，马焱. 新时代家庭建设的根本遵循：学习习近平总书记关于家庭建设的重要论述［J］. 妇女研究论丛，2018（6）：15-16.

[11] 王海燕. 马克思主义妇女观与中国特色社会主义妇女理论［J］. 理论视野，2018（7）.

[12] 肖巍. 女性主义伦理学对于生命的认知：一种整合性思考［J］. 求索，2021（2）：51-58.

[13] 肖巍. 易受伤害性：女性主义伦理学的阐释［J］. 中国人民大学学报，2016，30（3）：56-65.

[14] 肖巍. 女性主义形而上学研究中的两个热点问题［J］. 马克思主义与现实，2013（4）：58-66.

[15] 肖巍. 关于"性别差异"的哲学争论［J］. 道德与文明，2007（4）：15-19.

[16] 石红梅. 改革开放以来中国妇女/性别理论发展的回顾与展望［J］. 山东女子学院学报，2019（2）：11-15.

[17] 张莉. 马克思晚年对两性关系和妇女解放问题的探索［J］. 理论学刊，2020（5）：32-39.

[18] 阿克塞洛斯，楼培敏. 两性和家庭的关系［J］. 现代外国哲学社会科学文摘，1983（11）：6-8.

[19] 赵凤，计迎春，陈绯念. 夫妻关系还是代际关系？：转型期中国家庭关系主轴及影响因素分析［J］. 妇女研究论丛，2021（4）：97-112.

[20] 张荣贵，丁伟. 从两性关系变迁看《周易》阴阳观［J］. 船山学刊，

2019（4）：107-112.

[21] 胡喆. 凝视与对抗：《屋顶丽人》中的两性战争[J]. 名作欣赏，2019（14）：116-117，122.

[22] 王琛，林建成. 马克思《1844年经济学哲学手稿》中关于人的和谐思想及其现实意义[J]. 北京交通大学学报（社会科学版），2019，18（2）：149-156.

[23] 马俊亚. 从本能到特权：明清淮北两性关系的阶层异化[J]. 清华大学学报（哲学社会科学版），2019，34（2）：79-94，200.

[24] 张华. 思想导师与战士·卑怯者·隐形的坏孩子：《伤逝》两性关系视角下的涓生形象[J]. 鲁迅研究月刊，2019（2）：30-37.

[25] 张帆. 论铁凝《笨花》中的两性和谐之美[J]. 名作欣赏，2018（27）：78-79.

[26] 陈丽羽，信慧敏. 两性和谐之思：《逃离》中的双性同体解读[J]. 江苏第二师范学院学报，2017，33（10）：28-32.

[27] 刘晓辉. 马克思恩格斯妇女解放思想的丰富内涵及当代价值[J]. 中国妇运，2018（9）：31-33.

[28] 陈松林，胡兰捷. 社会文明：中国特色社会主义的新维度[J]. 思想政治课研究，2020（5）：43-47.

[29] 王福山. 马克思主义视阈下的当代婚姻家庭"危"与"机"[J]. 理论观察，2014（3）：10-11.

[30] 张栴. 两性和谐发展新解：兼论传统性别文化的变革与重构[J]. 江苏省社会主义学院学报，，2007（4）：76-78.

[31] 吕红平. 性别文化建设与两性和谐发展[J]. 河北大学学报（哲学社会科学版），2007（1）：1-4.

[32] 胡晓红. 两性和谐的哲学理解[J]. 妇女研究论丛，2005（1）：9-13.

[33] 胡晓红，左孟华. 教育公平视野下对"男孩危机"的性别解读[J]. 东

北师大学报（哲学社会科学版），2010（6）：231-236.

[34] 胡晓红. 马克思主义妇女理论：中国女性学建设的基本立场与理论基调[J]. 中华女子学院学报，2021，33（3）：11-17.

[35] 胡晓红. 马克思主义妇女理论的学科化根据与理论旨趣[J]. 河南社会科学，2021，29（5）：80-85.

[36] 陈耀. 性别和谐与构建社会主义和谐社会[J]. 妇女研究论丛，2005（2）：11-15.

五、学位论文

[1] 冷舜安. 当代中国性别和谐研究[D]. 长沙：湖南师范大学，2011.

[2] 康丹. 马克思恩格斯妇女解放思想研究[D]. 武汉：武汉大学硕（博）士学位论文，2014.

[3] 张小宝. 中国男女平等基本国策的历史演进及推进策略研究[D]. 长春：东北师范大学硕（博）士学位论文，2019.

[4] 胡晓红. 走向自由和谐的两性关系[D]. 长春：吉林大学，2004.

[5] 李庭. 从"两性平等"到"两性和谐"[D]. 长春：吉林大学，2020.

[6] 张媛. 实践唯物主义视阈中的马克思、恩格斯两性观[D]. 南昌：南昌大学，2016.

[7] 张洪伟. 马克思主义哲学视阈下的性别差异研究[D]. 长春：东北师范大学，2016.

[8] 金卓. 人的全面而自由发展理论视域下的女性解放[D]. 长春：东北师范大学，2013.

[9] 史界. 新时期中国妇女解放理论与实践研究[D]. 乌鲁木齐：新疆大学，2012.

[10] 刘纪红. 性别观的历史演进与当代建构[D]. 郑州：郑州大学，2010.

[11] 张憬玄. 马克思恩格斯妇女解放思想及实践研究[D]. 泉州：华侨大

学，2018.

[12] 印大双. 后现代女权主义思想评析 [D]. 南京：南京师范大学，2006.

[13] 杨炜. 男性解放 [D]. 北京：中共中央党校，2006.